LE PRINCIPE
UNE HISTOIRE MÉTAPHYSIQUE

DU MÊME AUTEUR

L. Cournarie et P. Dupond, *La sensibilité*, Paris, Ellipses, 1998.

L'existence, Paris, Armand Colin, 2001.

L. Cournarie et P. Dupond (dir.), *La nature*, Paris, Ellipses, 2001.

L. Cournarie et P. Dupond (dir.), *Phénoménologie : un siècle de philosophie*, Paris Ellipses, 2002.

L. Cournarie et P. Dupond (dir.), *Le corps et l'esprit*, Paris, Delagrave, 2003.

L. Cournarie et P. Dupond (dir.), *La volonté*, Paris, Delagrave, 2003.

L. Cournarie et P. Dupond (dir.), *La propriété*, Paris, Delagrave, 2005.

L. Cournarie et P. Dupond (dir.), *La connaissance des choses*, Paris, Delagrave, 2006.

L'imagination, Paris, Armand Colin, 2006.

Religion et démocratie – Une introduction à Marcel Gauchet, Toulouse, Entremises (à paraître, 2022).

BIBLIOTHÈQUE D'HISTOIRE DE LA PHILOSOPHIE

Fondateur Henri Gouhier   Directeur Emmanuel Cattin

Laurent COURNARIE

LE PRINCIPE
UNE HISTOIRE MÉTAPHYSIQUE

PARIS
LIBRAIRIE PHILOSOPHIQUE J. VRIN
6 place de la Sorbonne, V ͤ
2021

© Librairie Philosophique J. VRIN, 2021
ISSN 0249-7980
ISBN 978-2-7116-3015-8
www.vrin.fr

Pour Nathalie

LA DOMINATION DU PRINCIPE [1]

Une pensée du principe est-elle possible ? Peut-elle désigner autre chose qu'une pensée des ou par principes ? Aujourd'hui, pour ainsi dire, le principe a déserté notre monde. Le présentisme, sous le péril des crises et des catastrophes, fait reculer l'idée et la nécessité du principe. Les valeurs manquent d'assise et les faits ne résistent pas à leur interprétation. Le seul principe que nos pratiques tolèrent ou imposent est le principe de précaution, principe foncièrement négatif, qui consiste à s'empêcher de faire, faute de pouvoir fonder nos devoirs. Aussi la question du principe semble-t-elle inactuelle. Nous appartenons à une autre histoire que celle où le principe pouvait encore déployer sa puissance ou sa primauté, exercer cette dimension de caractère dominateur qu'on pourrait nommer « principialité » [2]. Notre monde a fait entrer en crise le

1. Cet ouvrage est la reprise, dans le même ordre d'écriture et de construction, d'un cours enseigné au lycée Saint-Sernin de Toulouse, en 2012, sur la notion de Principe au programme de l'épreuve de spécialité de l'ENS de Lyon.

NB : Les articles de l'ouvrage collectif *Le principe*, publié sous la direction de B. Mabille (Paris, Vrin, 2006) et, pour la philosophie antique, l'ouvrage de S. Roux, *La recherche du principe chez Platon, Aristote et Plotin* (Paris, Vrin, 2004) ont été largement exploités.

2. Par « principialité », on peut entendre l'exercice de la priorité et/ou de la primauté du principe sur ce qu'il commande, sa manière d'exercer sa puissance et sa causalité sur le principié.

concept de principe, à moins que la crise de notre monde ne soit aussi une crise du concept de principe[1], tant ce qu'il formule contrevient aux habitudes en cours. Sa majesté, sa transcendance, son retrait et comme son silence sont devenus inaccessibles à la pensée contemporaine. Le post-modernisme fut la traduction, ludique ou désespérée, de cette crise connexe du concept de principe : ni récit d'origine qui fonde, ni métarécit qui achève[2]. Rien de premier, tout est postérieur, déjà effet d'un signe, trace d'une trace. Rien de dernier ou d'ultime non plus. Le régime de la secondarité, de la dérivation sans origine est l'horizon ultime de la pensée. Elle produit encore du sens, mais sans l'hypothèse d'un signifié en première ou dernière instance. La chaîne des signes n'a pas de commencement. Ce qui commande ne commence nulle part, donc ce qui commence ne commande jamais vraiment. L'idée d'une primauté dans l'ordre de la succession, ou celle d'une fondation de la chaîne des effets ou des signes dans une forme quelconque de primauté sont devenues obsolètes. La mort de Dieu, la fin de la métaphysique consistent précisément dans cette perte de croyance envers l'idée même de principe. Son monisme invétéré est périmé.

> La relativité des cultures, la diversité des humanités, l'étrange polymorphisme que nous révèlent un temps et un espace démesurément agrandis rendent *a priori* invraisemblable la possibilité de l'unique. Or, qu'il s'agisse du dieu du monothéisme, ou du principe métaphysique qui en serait, dans le registre des philosophies, l'équivalent fonctionnel, on constate toujours cette connivence du

1. *Cf.* S. Breton, *Du principe*, Paris, DDB, 1992, p. 10.
2. *Cf.* la définition de J.-F. Lyotard du postmoderne : « l'incrédulité à l'égard des métarécits » (*La condition postmoderne*, Paris, Minuit, 1979, p. 7).

> principe et de l'un. [...] La réaction allergique au postulat
> d'unité se traduirait ainsi par un triple refus : refus de
> l'unique, refus de la maison, refus du fondement[1].

L'ère de la communication a ratifié cette prévision d'un
monde voué à l'errance : être joignable partout, n'exister
que par la possibilité de se connecter à tous, sans être (de)
nulle part. La mondialisation des échanges vient à bout du
monde lui-même. Le réseau remplace le principe.

Le « principe » (moderne) de subjectivité est sans doute
passé par là, sapant l'autorité de tout principe. C'est elle
qui oblige la pensée du principe à commencer par la différence entre la pensée et le principe. Car au commencement
(*in principio*), il y a l'écart entre la pensée et le principe.
La pensée a toujours déjà commencé par ce qui ne commence pas ou ne commande pas en soi. Ce qui commande
et commence n'est pas ce par quoi la pensée commence
pour nous.

En réalité, la métaphysique a toujours illustré cet écart
initial, même si c'est finalement pour tenter de l'abolir en
y apportant des réponses différentes. Dans la philosophie
antique, Platon définit la connaissance comme une conver-
sion de l'âme vers la vérité intelligible dont elle est séparée
par son incarnation. La vérité pointe vers les essences et,
au-dessus d'elles, le Bien. Mais l'âme en a perdu le souvenir
et doit par un long et patient effort en reconquérir la vue.
L'âme et les formes intelligibles sont co-naturelles : l'âme
est faite pour contempler ce qui est premier (principe).
Elle a même, selon le mythe du *Phèdre*, vu les essences
au cours de sa vie métempirique. Mais l'âme ne commence
pas par leur connaissance. Savoir c'est se ressouvenir. Il
ne faut rien moins qu'une mort (*Phédon*) pour revivre dans

1. S. Breton, *Du principe*, *op. cit.*, p. 281.

la communauté des principes – et encore cette renaissance n'est-elle pas promise à toutes les âmes et exige l'occasion d'un maître.

Dans la philosophie moderne, Descartes marque cet écart par la différence entre les idées. C'est le principe de l'évidence qui régit la vérité (la connaissance de la vérité). Or, « comme nous avons été enfants avant que d'être hommes »[1], nous avons acquis quantité de choses douteuses en notre créance. On a confondu le vraisemblable avec le vrai et reçu en même temps le faux et le probable. C'est pourquoi il faut que la pensée suspende le cours même de la connaissance pour la reprendre intégralement « dès les fondements » : la pensée commence par le faux, ou le faux commande en elle (préjugé) aussi bien que le vrai. De là la nécessité méthodique du doute (hyperbolique), pour que la pensée constitue en quelque sorte son propre commencement sur le fondement d'une première certitude inébranlable (*cogito*). Le doute égalise le commencement et le commandement que la vie a « commencé » par séparer.

Mais d'où vient cette différence ? Les deux références empruntées à l'histoire de la philosophie laisseraient entendre qu'elle provient de la finitude de la pensée humaine. La pensée est séparée du principe par sa finitude (le fini sépare). Le principe n'est pas en cause, qui demeure ce qu'il est, dans la pure identité mais seulement la pensée du principe. Le principe est unité, substance, identité : la pensée, diversité, processus, division. La pensée remonte vers le principe pour se fonder en lui, donc ne commence pas par lui. Le principe surplombe la pensée et la précède absolument.

---

1. R. Descartes, *Principes de la philosophie*, Paris, Vrin, 2009, p. 43.

Mais on peut supposer aussi que l'écart procède du principe même, jusqu'à admettre que le principe est sans essence ou au-delà de l'essence. Par définition, le principe est au-delà de ce qui en participe (le principié). Le principe n'est rien de ce qui dépend de lui. Inversement rien de ce qui dépend du principe ne suffit à exprimer le principe dans sa splendeur. Dans ces conditions, tous les termes pour dire le principe sont inadéquats. Ceux-là se rapportent à ce qui est en deçà du principe. Le langage lui-même appartient indéfectiblement au principié[1].

À cette difficulté, on peut apporter une solution partielle, en distinguant un sens substantiel et un sens fonctionnel du principe. Est-il juste de dire que le concept de principe soit devenu inactuel? Ce n'est pas le concept de principe qui est caduc mais le sens fondationnel de celui-ci. Le principe est ce qui assure une fonction pour un champ ou un domaine précis, et cette fonction qui peut se dire loi, norme, ou règle, est établie par la raison ou imposée par l'habitude[2]. Aussi, suivant cet usage, assiste-t-on plutôt à une profusion de principes. Dès lors qu'il perd sa valeur fondatrice ou son sens fondationnel, le principe s'ouvre au multiple. À défaut du principe, il y a des principes.

> Principes. Toujours indiscutables; on ne peut en dire ni la nature, ni le nombre, n'importe, sont sacrés[3].

Le fait premier, c'est la pluralité des principes. On a déjà cité le principe de précaution. Jonas a théorisé le

1. Ou alors le langage du principe est d'une autre sorte, Verbe créateur, seul capable de commencer et de commander absolument. Cf. *infra*, p. 220, note 1.
2. Le statut du principe diffère évidemment dans le rationalisme ou dans l'empirisme.
3. G. Flaubert, *Dictionnaire des idées reçues*, dans *Bouvard et Pécuchet*, Paris, Folio-Gallimard, 1999, p. 548.

principe-responsabilité, contre le principe-espérance
(E. Bloch). Le plaisir a ou est un principe, contre le principe
(paradoxal) de réalité (selon la psychanalyse de Freud à
partir de 1911). Et la liste est indéfinie. Le principe est en
principe ouvert : son effectivité (multiplicité) entre en
contradiction avec son postulat d'unicité. Les principes
sont multiples et indéfinis. Pour s'en convaincre on peut
s'abandonner, par fantaisie, à la rhapsodie d'une énuméra-
tion arbitraire et sans ordre.

Principe de classement, en CDU (classification décimale
universelle) (archivage) ; Principe de l'équilibre chimique
(chimie – Le Chatelier : la modification d'un facteur inten-
sif (température, pression) d'un système physico-chimique
en équilibre évolue ver un nouvel état d'équilibre qui
s'oppose aux perturbations qui l'a engendré) ; Principe de
non-agression (droit – fondamental pour la pensée liber-
tarienne) ; Principe de la légalité (droit – notamment admi-
nistratif : soumission de l'administration au droit : une
norme administrative doit toujours être conforme à une
norme supérieure (arrêté/loi) ; Principe d'économie ou de
parcimonie (science – entre deux hypothèses non dépar-
tageables, choisir la plus simple) ; Principe de précaution
(environnement – en régime d'incertitude, adopter par
prévention des mesures pour suspendre ou limiter une
action) ; Principe actif (pharmacie – ou substance active :
ensemble des composants ayant un effet thérapeutique) ;
Principe de bivalence (mathématique – il n'existe que deux
valeurs de vérité possible pour une proposition p, V ou F) ;
Principe du tiers exclu (mathématique – qui affirme la
disjonction d'une proposition p et de sa négation *non p* :
donc si p est V, *non p* est F) ; Principe de contradiction
(mathématique – impossibilité de la conjonction d'une
proposition p et *non p* : p et *non p* = F) ; Principe d'identité

des indiscernables (métaphysique, formulé par Leibniz :
Si deux choses possèdent les mêmes propriétés, elles sont
identiques et n'en font qu'une, ce qui n'est jamais le cas)[1] ;
Principe de causalité (physique et métaphysique : si un
phénomène nommé cause produit un phénomène nommé
effet, l'effet ne peut précéder la cause – le principe de
causalité est largement associé, voire confondu avec le
principe du déterminisme : la même cause produit le même
effet, ou : dans les mêmes conditions, les mêmes causes
produisent toujours les mêmes effets) ; Principe de finalité
(métaphysique – toute existe en vue d'une fin qui est la
cause idéale de son développement) ; Principe de l'égalité
de l'action et de la réaction (physique, formulé par Newton :
à toute action correspond une réaction égale mais de sens
opposé) ; Principe d'Archimède (physique – « Tout corps
plongé dans un liquide (ou un gaz) reçoit une poussée, qui
s'exerce de bas en haut, et qui est égale au poids du volume
de liquide déplacé ») ; Principe d'incertitude (physique – ou
principe d'indétermination formulé par Heisenberg en
1927 qui stipule qu'on ne peut connaître avec précision
simultanément la vitesse et la position d'une particule ;
Principe d'inertie (physique – « Tout corps persévère dans
l'état de repos ou de mouvement uniforme en ligne droite
dans lequel il se trouve, à moins que quelque force n'agisse
sur lui, et ne le contraigne à changer d'état ») ; Principe
de relativité (physique – exprimé par Galilée sans être
nommé principe, et intégré à la physique newtonienne :
aucune expérience ne permet de savoir si un corps est en

1. Leibniz formule en fait deux principes : le principe d'identité des
indiscernables (1) et le principe d'indiscernabilité des identiques (2). (1)
si x et y possèdent les mêmes propriétés P, alors x = y ; (2) si x et y sont
identiques, alors $Px = Py$. (1) est la converse de (2). (2) revient à poser
qu'il ne peut exister deux entités distinctes et identiques (des particuliers
à la fois distincts et identiques).

mouvement ou au repos sinon par référence à un autre corps (référentiel); Deuxième principe (loi) de la thermo-dynamique qui établit l'irréversibilité des phénomènes physiques au cours des échanges thermiques : toute évo-lution se fait avec création d'entropie (dégradation de l'énergie); Principe de subsidiarité (social – la responsa-bilité d'une action sociale doit être allouée à une plus petite entité si elle en est capable : ce principe trouve son com-plément dans celui de suppléance qui impose le devoir d'une instance supérieure de soutenir l'action d'une entité inférieure quand les problèmes excèdent la capacité de celle-ci), etc.

Les principes sont multiples et indéfinis. Ils ne sont certainement pas aussi désordonnés que le suggère cette présentation rhapsodique. Il y a des ordres de principes, qui obéissent à des niveaux de réalité (physique, social ...), à des champs disciplinaires. Mais les différents ordres de principes ne suppriment pas toutes les difficultés impliquées par cette extrême variété des principes.

D'abord on se demandera ce qu'il y a de commun entre tous ces principes et tous les autres possibles. Manifestement, on retrouve toujours l'idée de commandement et de commencement. Un principe commande un ensemble de phénomènes pour lesquels il établit la règle descriptive (ordre théorique) ou la règle prescriptive (ordre pratique). Commande ce qui est premier, commence ce qui ordonne une série : il est le terme saisi en premier, par opposition à ce qui en dépend.

Mais pour un même domaine, plusieurs principes peuvent revendiquer le commandement et la priorité. Un conflit des principes est donc possible, comme on parle d'un conflit des devoirs (principe de liberté *vs* principe d'égalité). Ou cette concurrence entre les principes requiert leur priorisation, toujours discutable. Par exemple Rawls tente d'ordonner, dans la *Théorie de la justice*, le principe d'égale liberté et un second principe de justice, lui-même articulé en deux principes, le principe d'égalité des chances (pour combattre l'arbitraire de la position sociale) et le principe dit de différence ou de fraternité (les inégalités ne sont justes que si elles profitent aux plus défavorisés). Le premier principe précède le second, car il est inconditionnellement injuste de sacrifier les libertés pour plus d'avantages sociaux et économiques. De même, la justice l'emporte sur l'efficacité, c'est-à-dire le principe d'égalité des chances dans des conditions équitables a préséance sur la maximisation des avantages. Mais la priorité, qualifiée de « lexicale », entre les principes 1 et 2 et à l'intérieur de 2, s'autorise-t-elle d'un principe ou exprime-t-elle les présupposés liés au projet de construire une théorie de la justice distributive dans le cadre « idéologique » de l'individualisme politique ?

Ensuite, le rapport principe-série qui définit la structure de tous les principes obéit à deux modalités. Le principe se distingue de la série (et de tous les termes contenus dans la série) par son antériorité. Mais celle-ci peut s'interpréter soit en termes chronologiques : le principe est le plus ancien, le plus vieux, le plus originaire (priorité) ; soit en termes axiologiques en quelque sorte : le principe est le plus important, le plus éminent (primauté). Notons évidemment qu'il n'y a pas là d'exclusion et qu'au contraire, l'antériorité selon le temps a toujours été affectée d'un surcroît de valeur et d'autorité. Mais le principe précède-t-il ce qui en dépend comme un terme indépendant de la série ou comme son premier terme ? Autrement dit, le principe est-il dans le temps ou non ? Dans le *Phèdre*, Platon souligne que tout doit naître d'un principe, mais qu'un principe ne peut prendre naissance :

> Il est, pour tout ce qui encore est mû, une source (*pègè*) et un principe (*archè*) de mouvement. Or un principe est chose inengendrée (*agenèton*) ; car c'est à partir d'un principe (*ex archès*) que, nécessairement, vient à l'existence tout ce qui commence d'exister (*to gignomenon ginesthai*), au lieu que lui-même, nécessairement, il ne provient de rien ; si en effet il commençait d'être à partir de quelque chose, il n'y aurait pas commencement d'existence à partir d'un principe [1].

L'histoire a, sur ce point, réfuté Platon. Certains principes au moins ont commencé d'exister avec leur découverte. Un nom propre leur est même attaché. Ainsi des principes de Fermat (entre 2 points, le rayon lumineux prend le chemin le plus rapide) ou de Maupertuis (la quantité d'action pour un changement est toujours la plus petite possible), ou du grand principe de raison suffisante « de » Leibniz, etc. L'objectivité du principe est ici comme affecté de subjectivité. Dès lors on ne peut manquer de se demander si un principe est découvert comme précédant la pensée des choses (réalisme des principes) ou s'il est inventé par elle (idéalisme ou conventionnalisme des principes). Sans doute, le principe est-il dans les deux cas toujours un point de départ. Mais ce n'est pas la même chose de supposer que ce point de départ procède des choses mêmes (l'esprit reconnaît comme principe pour la connaissance ce qui est un principe de/ou dans l'être) ou de l'invention de l'esprit (ce qui est attribué à l'être est seulement une règle pour la connaissance). On peut traduire autrement cet embarras : les principes sont-ils les expressions les plus générales et

---

1. Platon, *Phèdre*, 245d, Paris, Les Belles Lettres, 1978.

les plus formelles de l'être ou des conventions posées par l'esprit pour connaître ?

L'extrême diversité des principes oblige encore à reconnaître et à dégager une grande instabilité du vocabulaire. Dans certains cas, il semble que le terme de loi puisse être substitué à celui de principe. Mais les deux termes sont-ils rigoureusement équivalents ? N'est-il pas préférable de prêter une plus grande universalité au principe qu'à la loi et considérer que le principe désigne une loi constamment et définitivement vérifiée ou comme étant ce qui d'une loi n'est plus soumis à la vérification expérimentale ? C'est ce que suggère H. Poincaré pour la physique. Quand une loi a été suffisamment corroborée, deux attitudes sont envisageables : la laisser « dans la mêlée »[1], de fait soumise à la révision expérimentale et à la relativisation, ou bien

> l'ériger en principe en adoptant des conventions telles que la proposition soit certainement vraie. Pour cela on procède toujours de la même manière. La loi primitive énonçait une relation entre deux faits bruts A et B ; on introduit entre ces deux faits bruts un intermédiaire abstrait C, plus ou moins fictif [...]. Et alors nous avons une relation entre A et C que nous pouvons supposer rigoureuse et qui est le principe ; et une autre entre C et B qui reste une loi révisable. Le principe, désormais cristallisé pour ainsi dire, n'est plus soumis au contrôle de l'expérience. Il n'est pas vrai ou faux, il est commode[2].

C'est précisément ce qui se passe avec le principe d'inertie. Les lois du mouvement prennent la forme d'équations différentielles du second ordre telles que l'accélération est

1. H. Poincaré, *La valeur de la science*, Paris, Flammarion, 1970, p. 165.

2. *Ibid.* p. 166.

fonction de la vitesse et de la position. En l'absence de force, un corps suit une trajectoire rectiligne et uniforme. À partir de ces lois et devant l'impossibilité de prouver l'absence de force et par généralisation, on établit le principe d'inertie. Le principe sort du débat scientifique : il est immunisé contre l'expérience, contrairement à la loi.

Enfin, la diversité des principes soulève le problème des régimes de rationalité du principe. La rationalité du principe est un problème bien connu de la philosophie, parce qu'il est sans doute le problème constitutif de la connaissance du principe. En effet, il est admis que pour être un commencement théorique, le point de départ d'un raisonnement, d'une déduction, le principe doit être indémontrable – sans quoi il ne serait plus principe, mais théorème ou loi. Ce qui commence et commande n'est pas soumis aux procédures expérimentale ou démonstrative de validation. Dès lors quel peut être le statut de rationalité du principe ?

Mais la variété des principes redouble ou décline cette difficulté classique. En effet, si le terme est pris dans le même sens pour le principe d'Archimède et pour le principe de relativité de Galilée, parce qu'ils relèvent précisément du même ordre de réalité (physique), en est-il de même quand on parle du principe de subsidiarité par exemple ? Si la communauté de champ ordonne les principes, la diversité des ordres ne pluralise-t-elle pas le concept de principe ?

On retrouve, à travers cette difficulté, le partage problématique entre l'objectif et le subjectif, qui obéit lui-même largement à la distinction entre le théorique et le pratique. Dans le domaine pratique, « principe » sera aussi bien exprimé par le terme de norme : le principe est ce qui sert de norme au jugement et à l'action, comme l'atteste le langage courant (avoir des principes, avoir pour principe, un homme de principe…). Mais le principe ne paraît pas envelopper la même nécessité selon qu'il commence/commande la connaissance ou l'action. Le principe de contradiction semble s'imposer à la pensée même, à tel point qu'on y voit une sorte d'évidence. Mais peut-on en dire autant des principes pratiques ? On a certes besoin de principes (ou de normes) pour agir, pour organiser la vie sociale et politique. Les hommes ne peuvent ni vivre ni vivre humainement sans principes. La communauté du bien vivre (*polis*) selon Aristote est ordonnée au et par le discours (*logos*) sur le juste et l'injuste. Mais en morale ou en politique, les principes semblent extrêmement variables et relatifs. Nos principes normatifs sont-ils autre chose que des principes accoutumés ?

En résumé, le concept de principe contraint la réflexion à plusieurs distinctions, « principalement » entre un sens fondationnel et un sens fonctionnel. Le sens fondationnel semble l'emporter (sens premier) sur le sens fonctionnel (sens dérivé). C'est parce qu'il fonde que le principe est principe. Mais la raison est-elle fondée à poser un premier principe, est-elle justifiée à fonder dans un principe substantiel la nécessité fonctionnelle des principes ? La remontée au principe s'opère en application du principe de raison suffisante. Mais le principe de raison peut-il être appliqué sans limites ?

Dans son sens fonctionnel, le principe est une règle de connaissance et/ou d'action. La pensée pose ou se donne des principes. Mais l'hypothèse de principes arbitraires n'est pas exclue. Si la pensée se donne des principes, alors ceux-ci procèdent d'elle plutôt que l'inverse. Ce soupçon se concentre manifestement sur les principes pratiques.

Peut-on affirmer avec la même confiance que Malebranche que les propositions « il faut préférer son ami à son chien » et « 2 et 2 sont 4 » expriment des principes également vrais et rationnels [1] ? Y a-t-il des principes pratiques universels ? Contre Malebranche, Hume déclare de manière provocatrice qu'« il n'est pas contraire à la raison de préférer la destruction du monde entier à une égratignure de mon doigt » [2].

Ce relativisme, difficilement contestable dans l'ordre des valeurs, ne s'étend-il pas à tous les principes ? L'histoire de la philosophie le montre assez : ce qui vaut principe pour un philosophe ne vaut pas unanimement pour les autres. Ainsi de Spinoza et de Leibniz dans leurs commentaires des *Principes de la philosophie* de Descartes [3]. Spinoza marque sa différence sur le mode d'exposition de la métaphysique et de la physique, adoptant la méthode géométrique (démarche synthétique), là où la métaphysique cartésienne suit, à l'exception des *4ᵉ Réponses*, une voie analytique (*Méditations métaphysiques*). Or, pour une métaphysique dont la méthode est analytique, le moment du doute peut paraître nécessaire et le *cogito* constituer un principe : dans une métaphysique de type synthétique, rien de tel. Quant à Leibniz, il conteste le principe du doute méthodique. Sa nécessité scientifique cède le pas à l'exigence de démonstration qu'il faut faire porter aussi

---

1. N. Malebranche, *De la Recherche de la vérité*, Xᵉ Eclaircissement, Paris, Vrin, 2006, p. 117.

2. D. Hume, *Traité de la nature humaine*, L. II, Paris, Aubier Montaigne, 1973, p. 525.

3. B. Spinoza, *Les Principes de la philosophie de Descartes démontrés selon la méthode géométrique*, Paris, GF-Flammarion, 1964 ; G. W. Leibniz, *Réflexions sur la partie générale des* Principes *de Descartes*, Paris, Aubier-Montaigne, 1972.

sur les principes. « Je pense, donc je suis » est sans doute une vérité première, mais sans aucun privilège ou primauté métaphysique.

> Il eût été convenable de ne pas négliger les autres vérités de même ordre. En général, on peut dire que toutes les vérités sont ou bien des vérités de fait, ou bien des vérités de raison. La première des vérités de raison est le principe de contradiction ou, ce qui revient au même, le principe d'identité, ainsi qu'Aristote l'a remarqué justement. Il y a autant de vérités de fait premières, qu'il y a de perceptions immédiates ou, si l'on peut ainsi dire, de consciences. Car je n'ai pas seulement conscience de mon moi pensant, mais aussi de mes pensées, et il n'est pas plus vrai ni plus certain que je pense, qu'il n'est vrai et certain que je pense telle ou telle chose. Aussi est-on en droit de rapporter toutes les vérités de fait premières à ces deux-ci : Je pense, et des choses diverses sont pensées par moi. D'où il suit non pas seulement que je suis, mais encore que je suis affecté de différentes manières[1].

L'assimilation du *cogito* aux vérités de raison est contestable. Leibniz oppose à Descartes le principe de la distinction des types de vérité – et l'incomplétude du principe cartésien du *cogito* qui implique aussi la certitude des contenus de pensée (*cogito cogitata*). Cet exemple pourrait servir à illustrer le trait dominant de l'histoire de la métaphysique, caractéristique de son type « correctif » (Strawson) : avoir usé et abusé de toutes sortes de principes, à l'exception du principe de parcimonie.

Mais, il est tout autant exagéré de rabattre le sens fonctionnel du principe sur l'arbitraire. La pensée peut se donner des principes, les imposer de manière discutable

1. G. W. Leibniz, *Réflexions sur la partie générale des* Principes *de Descartes*, *op. cit.*, p. 289-290.

ou arbitraire – comme quand une personne ou une institution fait d'une décision, comme l'on dit, « une question de principe » : elle entend poser une règle et s'y tenir par souci d'efficacité ou parfois d'équité. La langue abonde d'expressions pour souligner combien le non-respect du principe est source de désordre : violer un principe, faire une entorse au principe, déroger au principe, etc. Le principe passe à bon droit pour ce qui prévient et combat l'arbitraire. On a tendance à valoriser l'homme de principe et, au contraire, à condamner celui qui ne s'embarrasse pas de principes. Le principe sert aussi à surmonter la contingence et à affronter l'incertitude du monde.

Toutefois, outre le fait qu'un principe est parfois nécessaire pour en corriger un autre (comme l'équité l'égalité), l'adoption d'un principe peut être critiquable en le jugeant inapproprié ou même immoral : c'est non seulement l'application d'un principe qui peut être arbitraire, mais le principe même qui se présente tel (devoir inconditionnel de véracité). Un principe n'est pas aussi impératif qu'on ne puisse en changer, sauf à nier le principe de réalité qui, pour être paradoxal (être en même temps la règle et son objet), n'est pas un vain principe. Et il n'y a aucune contradiction à poser et à respecter des principes dérisoires voire absurdes. Un principe n'assure pas, par lui-même, de son caractère rationnel. La raison est plutôt justement au-dessus des principes pour en examiner ou en critiquer la validité. La raison a des principes, mais elle en est encore le tribunal. Aussi ce rapport instable entre la raison et les principes constitue-t-il certainement un des lieux communs d'une pensée du principe.

On peut évidemment répondre à cette objection qu'un principe arbitraire n'est pas un principe ou pas un véritable principe. Il faudrait alors distinguer entre les vrais et les faux principes, entre ceux qui relèvent du préjugé et ceux qui relèvent de la raison. Mais est-on certain de pouvoir chaque fois faire le partage entre les prétendus principes et les principes authentiques, entre les principes rationnels et la rationalisation des habitudes, entre les principes universels et l'universalisation des faits ? Par ailleurs, les mêmes principes sont diversement interprétables (comme le principe d'égalité selon l'égalité arithmétique ou selon l'égalité géométrique). Ensuite, l'arbitraire des principes n'est pas une objection contre eux. Les principes pratiques peuvent tous être arbitraires, sans que ce défaut de raison ou de fondement n'entame leur valeur (Pascal). Enfin, on peut envisager des cas où les principes ne répondent pas à l'exigence de fondation ultime sans qu'ils soient arbitraires. Il serait sans doute impropre de parler d'un arbitraire objectif. Du moins il peut y avoir des propositions premières qui, pour ne pas être vraies en soi ou évidentes par elles-mêmes, n'en fondent pas moins un ensemble de propositions vraies. Le principe désigne ici ce qui est posé en premier par convention pour un système déductif propre. C'est ce sens du principe (ni fondement ni arbitraire ou fonction sans arbitraire) qu'on retrouve dans ce qu'on nomme les axiomatiques [1].

Une autre distinction s'impose encore, entre principes de l'être (*principia essendi, principia realia*) et principes de la connaissance (*principia cognoscendi*). Les principes de l'être sont alors des causes (*aitiai*) qui engendrent les choses au titre d'éléments constitutifs ou d'agents producteurs [2]. C'est la recherche des principes qui engage la raison

1. H. Poincaré, *La science et l'hypothèse*, Paris, Champs-Flammarion, 1968, p. 26.
2. Les *archai* des Présocratiques qu'analyse Aristote en *Métaphysique* A, Paris, Vrin, 1974.

à dépasser le cadre de la connaissance physique (seconde) pour la connaissance *méta*-physique (première). Les principes de la connaissance, de leur côté, désignent les propositions à partir desquelles s'opère la démonstration. Pour Aristote, dans la science démonstrative, il y a : le genre, c'est-à-dire ce sur quoi porte la démonstration, par exemple le nombre ; ce qui est démontré, telle propriété, par exemple pair ou impair ; « ce à partir de quoi on démontre », le principe, par exemple : « quand de deux quantités égales on soustrait des quantités égales, les restes sont égaux »[1].

Par extension, ici, le principe peut aussi être dit cause. Le principe est la prémisse immédiate (*protasis amenos*) d'une démonstration, cause de la conclusion du syllogisme. Dans la forme du syllogisme de la première figure : si A est B et si B est C, alors A est C. On voit comment les deux prémisses (A-B, B-C), par le jeu du moyen terme (B) sont la cause de la conclusion (A-C). Cette analogie entre l'ordre physique des causes et l'ordre logique des raisons fait apparaître une ambivalence propre à la notion de principe. Il désigne précisément aussi bien la raison que la cause. Ou encore, quand la raison est une raison d'être, on parle plus volontiers de cause, tandis qu'on parle plutôt de raison quand elle est une cause de la connaissance.

Plus fondamentalement, il faut distinguer parmi les principes de la connaissance, les principes appliqués ou propres, et les principes communs. Ainsi du principe de contradiction[2]. Une proposition ne peut être vraie si elle

---

1. Aristote, *Seconds analytiques*, I, 10, 76b22, Paris, Vrin, 1979.
2. Par exemple la définition de la ligne ou du point qui vaut comme principe pour la géométrie. Chez Euclide les principes c'est-à-dire des vérités immédiates et évidentes sont au nombre de trois : les définitions, les notions communes ou axiomes, les postulats.

est contradictoire, quel que soit l'objet (c'est une nécessité formelle de la vérité). Mais si le principe de contradiction est condition du vrai, ne peut-on pas considérer qu'il est aussi condition de l'être même ? Autrement dit, le principe de la connaissance ne peut-il pas être aussi le principe de l'être ? C'est bien le cas chez Aristote où il y a une correspondance onto-logique du principe de contradiction :

> Il est impossible qu'un même attribut appartienne et n'appartienne pas en même temps et sous le même rapport à une même chose [1].

La version ontologique dit qu'une chose ne peut posséder en même et sous le même rapport une propriété et son contraire (*a et non a*) et la version logique dit qu'on ne peut affirmer la même chose vraie et fausse (*p et non p*) [2]. On peut même se demander si le principe de contradiction n'est pas un principe logique absolu parce qu'il est un principe ontologique : c'est parce que l'être ne peut pas en même temps et sous le même rapport ne pas être, ou être ce qu'il est et ne pas l'être, que le discours, c'est-à-dire le discours intérieur (et non pas simplement extérieur comme le précise Aristote dans les *Seconds analytques* [3]), ne peut énoncer sous peine de fausseté et même de non-sens une proposition contradictoire. De même que ce n'est pas parce que l'on dit vrai en disant « *x* est *a* », que *x* est *a*, mais parce que *x* est *a* que l'on dit vrai en disant « *x* est *a* », de même c'est parce que la contradiction est un principe de l'être qu'il est un principe du connaître.

---

1. Aristote, *Métaphysique*, livre G, 3, 1005b 19-20, Paris, Vrin, 1974.
2. Le principe (logique) de contradiction aura été découvert (mais non formulé) précisément comme principe ontologique dans le *Poème* de Parménide. *Cf.* fragments III, VI, VII et VIII.
3. Aristote, *Seconds Analytiques*, *op. cit.*, I, 10.

Le cas du principe de contradiction montre au moins deux choses. D'une part que tous les principes de la connaissance ne sont pas de même statut. Il y a donc des principes premiers dans leur ordre et, au-dessus d'eux, des principes absolument premiers. Aussi la question se pose-t-elle de savoir quels sont ces premiers principes de la connaissance, principes absolument objectifs ou *a priori* en quelque sorte. D'autre part qu'un principe de la connaissance (en l'occurrence le principe de contradiction) peut être considéré également comme un principe de l'être – ce qui rend possible de passer d'un plan à l'autre (de la connaissance à l'être) et conforte la raison dans son effort pour fonder les principes de la connaissance dans un principe, unique fondement de toutes choses. Mais c'est évidemment une question redoutable de savoir si ce qui vaut pour la pensée vaut aussi pour la réalité. En particulier, peut-on tirer des principes de la pensée une connaissance des principes de l'être sans que la raison tombe fatalement dans des illusions (Kant)?

Ainsi, le concept de principe peut désigner selon l'emploi ou la perspective, la cause, le fondement, l'origine, la source, la base – on retrouve là le sens fondationnel – ; l'axiome, le postulat, l'hypothèse, la prémisse, la catégorie *a priori*, la loi – ces notions relèvent davantage du sens fonctionnel de principe ; la maxime, la norme, le précepte, la règle pour le champ éthico-politique – avec toute la déclination du plus nécessaire au plus contingent et à l'arbitraire.

Qu'est-ce donc qui est premier, le principe même ou la pensée du principe ? Dans un cas la pensée nie son antériorité en reconnaissant la priorité ontologique du Principe et sa propre dépendance à son égard. Dans ces conditions, la différence entre principes théoriques et principes pratiques est contenue, idéalement au moins. Il suffi(rai)t de connaître le Principe, pour bien juger des principes pratiques et bien agir. Le Principe commandant tout ou tout ce qui est étant dépendant du principe, la science du Principe commanderait la science pratique elle-même. Dans le second cas au contraire, la pensée affirme sa priorité épistémique sur le principe, et avec elle inéluctablement à la fois le régime pluriel des principes et le caractère insurmontable de la différence entre principes théoriques et principes pratiques. Le principe, une histoire métaphysique, disons-nous, de son impossibilité à sa fin …

LE PRINCIPE SE DIT EN PLUSIEURS SENS

En grec, « principe » se dit *archè*, et en latin *principium*. Dans les deux cas, le principe est ce qui commence et ce qui commande. *Archè* désigne ce qui est en avant, d'où commencement et commandement. *Archè* dérive en effet du verbe *archô* (être le premier) qui signifie dès Homère à la fois : commencer (aller en tête, guider, prendre l'initiative de, montrer le chemin ; ou engager le combat, *archein polemoio*[1]) et commander, être le chef (surtout au moyen, *archesthai*). Celui qui commande montre le chemin, prend l'initiative : celui qui commence prend le commandement. Le sens du commandement est issu du premier sens de commencement. Le chef (celui qui commande) est celui qui fait le premier geste ou qui marche en tête. Le terme d'*archè* lie étroitement le commencement (c'est-à-dire le principe, le point de départ, par exemple dans l'expression *euthus ex archès*, « dès le début ») et le commandement (c'est-à-dire la charge, l'autorité, le pouvoir, la magistrature, comme dans l'expression, *archèn archein*, « exercer une charge » : l'archonte, c'est le gouvernant[2]). On retrouve l'un et/ou l'autre sens dans les nombreux dérivés composés à partir d'*archè* : archaïsme, archétype,

1. Homère, *Iliade*, IV, 335, Paris, Les Belles Lettres, 1937, p. 104.
2. Platon, *La République*, VII, 540d-541a, Paris, Les Belles Lettres, 1975.

architecture … Le grec a formé sur *archè* plusieurs adjectifs avec les mêmes valeurs : *archaios*, primitif, originaire, antique, ancien ; *archègos*, qui est la cause première de, l'auteur de, l'inventeur, *archikos*, souverain, dominant. Plus en détail, si l'on suit les indications du Bailly, cela donne : commencement, d'où principe, origine ; point de départ, d'où : bout, extrémité (d'une chose) ; point de départ d'un embranchement (d'une rivière) ; au figuré, principe, fondement. Par extension, commandement, pouvoir, autorité ; charge, administrature ; ce qui est soumis à une autorité, d'où empire, royaume, pays gouverné.

Le commencement décide de la suite : donc il commande et, inversement, commander c'est initier. Ce qui vient avant a pour soi l'autorité – de là la valeur de la tradition : ce qui est ancien commande (à) ce qui est plus récent. Tout ce qui est d'avant est vénérable (*in illo tempore*). L'antériorité chronologique, voire anté-historique (mythe) donne une autorité morale incomparable. Dans sa sociologie de la domination (*Herrschaft*), M. Weber fait encore de la domination traditionnelle la première des trois formes de domination légitime :

> Un caractère *traditionnel*, reposant sur la croyance quotidienne en la sainteté de traditions valables de tout temps et en la légitimité de ceux qui sont appelés à exercer l'autorité par ces moyens (domination traditionnelle)[1].

Réciproquement, le commandement (la domination légitime) appartient à celui qui peut initier : il a la vertu du commencement. Ainsi le commandement ne dépend de rien mais tout dépend de lui. C'est là le fondement de son autorité.

---

1. M. Weber, *Économie et société*, Paris, Pocket, 1995, p. 289.

Le latin *principium*, formé à partir de *princeps*, est composé de *primum* et de *capio* : littéralement qui prend le premier, qui occupe la première place. Le latin maintient l'ambiguïté du grec. *Principium* : commencement (*principio*, en premier, tout d'abord : *principium* comme *archè* est l'exorde d'un discours) ; fondement, origine. Et au pluriel, *principia* désigne comme *archai* les éléments dont les choses sont faites (*principia naturæ*) – dans le vocabulaire militaire, les *principia* sont les premières lignes d'une armée.

Néanmoins, le latin ne dit pas exactement la même chose que le grec [1]. La langue grecque envisage le principe comme ce qui est en premier. Le principe se déploie à partir de lui-même comme ce qui commence et ce qui commande, et c'est comme tel qu'il est rencontré par la pensée. Le latin associe plutôt la primauté à un acte, donnant une inflexion en quelque sorte pratique qui lève le soupçon que le principe n'existe pas en soi comme ce qui est et donc vaut comme premier, mais comme ce qui est pris comme premier. Le principe c'est alors ce qui prend la première place. Si l'on approfondit davantage, dans *principium*, le radical peut s'entendre au sens de l'infinitif (*primum capere*) ou comme participe (*primum ceptus*). L'italien *principe* conserve cette double signification qu'on traduit souvent par « prince ». Le prince est à la fois ou aussi bien celui qui est pris comme premier (parmi ses pairs) – *primum ceptus* – celui qui prend (le pouvoir [2]) – *primum capere*.

1. *Cf.* M. Caron, « Le principe chez Augustin », dans B. Mabille (dir.), *Le principe*, Paris, Vrin, 2006, p. 74.
2. *Cf.* le titre original de l'ouvrage de Machiavel en italien, *Il Principe*, ou en latin, *De Principatibus*.

De ces remarques, on peut tirer deux enseignements de portée générale. D'abord, le latin par cette articulation entre le verbe prendre et l'idée de primauté ouvre la pensée sur une conscience critique du principe : le principe ce n'est pas ce qui est premier mais ce que la pensée prend comme premier. Et si dans un premier temps on peut distinguer deux régimes de certitude ou de rationalité des principes (le principe comme point de départ d'un raisonnement, en tant que commencement théorique, et le principe comme règle d'action) et reconnaître au premier une évidence ou une nécessité logique (tandis que le second ne présente qu'une nécessité subjective ou relative), on peut être tenté à nouveau d'étendre l'incertitude du principe pratique à tout principe théorique, surtout si l'on est obligé de convenir qu'il est impossible de démontrer un principe. C'est la pensée qui pose les principes : il n'y a pas de principes universellement valides, et ce qui est vrai du champ moral l'est peut-être du champ de la connaissance.

Ensuite, l'incertitude du sens du radical dans *principium* (infinitif ou participe) permet de révéler une sorte de dialectique interne du principe. Ou plutôt le principe est à la fois pour la pensée objet et sujet. D'un côté le principe est ce que la pensée prend comme source de toutes choses (objet) et ce qui, rétroactivement, prend la pensée (sujet). La pensée pose le principe mais le principe comprend la pensée. Le principe est pris comme le premier pour la pensée mais la pensée n'est justement pas première : elle pose le principe pour se découvrir comme posée par lui[1]. Comme on l'a dit, ce qui est premier n'est pas le principe,

---

1. Cette position ne vaut pas seulement pour le principe pris au sens ontologique. D'une certaine manière, la raison est prise par l'évidence de l'axiome.

mais la différence entre la pensée et le principe. Mais ou bien cet écart est irréductible et le principe est subordonné à la pensée du principe, ou bien il est réductible et le principe pose et intègre en lui la pensée du principe. On vérifie ici l'instabilité propre à une pensée du principe, inégale au principe, soit au profit de la pensée, soit au profit du principe, déliant dans le principe même le commencement et le commandement. Cette inégalité, à son tour, engage une alternative, peut-être indépassable, entre l'unité principielle de l'idée de principe et la pluralité réelle des principes.

Ainsi la pensée se trouve dans une double posture face au principe. Ou bien affirmant son caractère thétique, elle considère le principe comme une loi, une règle pour elle-même – qu'elle peut finir par juger arbitraire. Ici le principe se sépare à jamais de toute valeur fondatrice pour n'avoir qu'une valeur fonctionnelle, voire provisoire. Et c'est la conscience critique de ce fonctionnalisme du principe qui engendre la pensée déconstructive : rien n'est en soi un principe et il faut se défaire de cette croyance si l'on veut penser librement. Ou bien, la pensée comprend qu'en voulant prendre le principe, s'emparer de lui, elle doit apprendre et accepter de se laisser prendre par lui. Dans un cas, la pensée exerce sa négativité aux dépens du principe, dans l'autre elle s'attribue à elle-même la négativité et attribue au principe toute la positivité. Elle est un moment du principe et doit reconnaître sa dépendance à ce qui la surplombe et la commande. Comprendre c'est alors se déprendre de l'illusion d'être sa propre origine. L'achèvement de la connaissance est atteint dans la reconnaissance du principe, c'est-à-dire dans la reconnaissance de propre sa non-principialité.

On a là comme deux éthiques ou, pour ainsi dire, deux politiques du principe. Un régime en quelque sorte libéral (idéalisme des principes) où la pensée affirme sa pleine autonomie, qu'elle développe dans un sens critique (il faut ramener la question des principes (innés) à celle des sources de la connaissance (empirisme) ou, au contraire la connaissance empirique à ses conditions *a priori* – dans les deux cas, les principes du connaître ne sont pas les principes de l'être –, voire sceptique (le seul principe étant, si l'on veut, de douter de tous les principes), et même déconstructionniste (il faut faire le deuil de l'idée même de principe ou d'origine). Et un régime qu'on dira dogmatique, conforme au réalisme des principes, qui a fait les beaux jours de la métaphysique et de la théologie (voire de l'inspiration profonde de la religion monothéiste) qui aspire au contraire à une fondation de la pensée dans autre chose qu'elle-même, à une dépendance reconnue et assumée, où poser le principe c'est se dépasser dans la transcendance qu'il constitue : la remontée (*anagôgè*) au principe est un retour à ce qui fonde. La métaphysique plotinienne, du moins dans sa présentation systématique par Porphyre, dramatise cette dimension « psychagogique ». La métaphysique est à la fois enquête sur les principes et quête de l'âme. La connaissance décrit l'ascèse et l'odyssée de l'âme vers le Principe[1], qui culmine dans l'injonction finale du Traité 49 : « retranche toutes choses (*aphele panta*) »[2].

Comprendre le principe, c'est alors se déprendre de soi et être pris par la prééminence du principe. Si la pensée

---

1. *Cf.* P.-M. Morel, *Plotin, L'Odyssée de l'âme*, Paris, Armand Colin, 2016, p. 15 ; J. Moreau, *Plotin ou la gloire de la philosophie antique*, Paris, Vrin, 1970, p. 16.

2. Plotin, Traité 49 (V, 3), *Traités 45-50*, Paris, GF-Flammarion, p. 355.

ne peut se soustraire à la recherche des principes, si la recherche des principes commande de rechercher le Principe, alors rien ne doit y échapper, pas même la pensée qui le recherche. Autrement dit, toute pensée qui va jusqu'au bout de ce que signifie l'idée de principe (de ce qu'implique pour elle la recherche effective d'un principe) doit reconnaître l'absolue priorité du principe, c'est-à-dire l'intégralité de la dimension d'initiative du principe attachée à son essence. Donc si le projet de la philosophie est de comprendre le principe, alors cela revient pour elle avant tout à « accepter de se prendre au principe »[1]. Le principe a toujours déjà initié le rapport de la pensée à lui. À ce titre, la pensée religieuse accomplit la pensée métaphysique : la connaissance du principe conduit à l'hommage du principe qui est reconnu comme le commencement dont toute chose procède – cet hommage, ou cette attitude orante en quelque sorte, prend la forme dans la métaphysique antique de la contemplation : l'âme ne raisonne plus sur le principe mais en voyant le principe se voit en lui. Si le principe est le Principe, alors est pris par lui celui qui voulait le comprendre : tel est pris (*ceptus*) qui croyait prendre (*capere*). Ainsi de la première parole d'Augustin dans les *Confessions* pour faire advenir en elle la priorité et l'antériorité du Verbe[2]. Le principe a ses assises dans le ciel, selon une image des *Lois*. Ainsi, d'un côté la pensée requiert jusqu'à la liberté de nier le principe, commandant sur ce qui commence. De l'autre, le principe requiert la relativité de la pensée, le principe commandant sur la pensée qui a commencé.

1. M. Caron, « Le principe chez saint Augustin », dans B. Mabille (dir.), *Le principe*, Paris, Vrin, 2006, p. 75.
2. *Cf.* J.-L. Marion, *Au lieu de soi*, Paris, P.U.F., 2008, p. 42.

AU PRINCIPE DE LA PHILOSOPHIE

La question du principe est devenue inactuelle. Pourtant, faute de principe(s), c'est tout le champ du pensable qui manque d'articulation et de cohérence. Certains ont pu, au lieu de prendre acte de ce dépérissement du principe dans la pensée contemporaine, y consacrer la tâche de la philosophie. Heidegger demande qu'on interroge la constitution aristotélicienne de la métaphysique qui associe la recherche des premiers principes et des premières causes à la question de l'être[1]. Il faudrait ainsi préciser le rapport d'une part entre principes et causes et d'autre part entre principes, causes et être en tant qu'être[2]. C'est l'essence onto-théo-logique de la métaphysique qui fait comprendre comment la question des principes et la question de l'être sont conjointes[3]. La constitution onto-théologique de la métaphysique interprète le rapport entre l'être et l'étant

---

1. Aristote, *Métaphysique*, G, 1, 1003a26-32 ; E, 1, 1025b3-4, Paris, Vrin, 1974. Voici la liste des principales références où Aristote définit la philosophie par rapport la question « métaphysique » des principes : *Métaphysique*, A, 1, 981b27-29 ; *Métaphysique*, A, 2, 982a29-982b5 ; *Métaphysique*, G, 1 ; Métaphysique, E, 1 1025b3-4 ; *Métaphysique*, K, 1, 1059a18-20. *Cf.* M. Heidegger, « Qu'est-ce que la philosophie ? », *Question II*, Paris, Gallimard, 1968, p. 330-331.

2. M. Heidegger, *Questions II*, *op. cit.*, p. 24-25.

3. *Cf.* M. Heidegger, « Qu'est-ce que la métaphysique ? », *Questions I*, Paris, Gallimard, 1968, p. 40-41.

en termes de fondation. Dès lors que l'être est toujours déjà (pré-)compris comme fondement de l'étant, Dieu, l'être et le principe ou le fondement de l'étant se confondent. La philosophie ordonnée à la question de l'être devrait, au contraire, s'extraire, dans la répétition radicalisée de son origine, de la question métaphysique des premières causes et des premiers principes[1].

Cette crise prouve, en creux, l'importance philosophique du concept de principe. S. Breton commence son ouvrage *Du principe* par cette proposition : « La méditation du Principe est le principe même de la philosophie »[2], conformément à la thèse d'Aristote qui lie originairement et spécifiquement la philosophie et la recherche de l'*archè*[3]. Qu'est-ce qu'une démarche philosophique sinon une démarche qui radicalise le questionnement ? Cette radicalisation ou ce sens de la radicalité s'épanouit naturellement dans la recherche des principes. À partir des Présocratiques, se fait jour le projet d'étudier la nature et de l'expliquer par des principes. Les principes sont des éléments (l'eau, le feu, la terre, l'infini…) qui assurent la double fonction des principes : l'élément (*stoicheion*) est l'origine (priorité-antériorité) mais aussi ce qui commande le devenir ou le développement des choses à l'intérieur d'elles-mêmes (priorité-primauté). Il commence les choses et commande ou gouverne dans les choses. Chez Thalès,

---

1. Entreprise que R. Schürmann nomme « *principe d'anarchie* », *Le Principe d'anarchie. Heidegger et la question de l'agir*, Paris, Diaphanes, 1982, p. 16. *Cf.* S. Roux, *La recherche du principe chez Platon, Aristote et Plotin*, Paris, Vrin, 2004, p. 7.

2. S. Roux, *La recherche du principe chez Platon, Aristote et Plotin*, *op. cit.*, p. 9.

3. Cf. Aristote, *Métaphysique,* A, 1, 981b27-29 ; 982a1-3 ; K, 1, 1059a18-20, *op. cit.*

l'eau est l'origine des choses, principe en tant que constituant la substance sous leurs changements et la loi de leur évolution. Comme dit S. Roux :

> Le *stoicheion* est alors tout aussi bien *archê* : ce qui est premier dans le temps, mais aussi ce qui, par cette primauté même, commande et domine ce qu'il fait commencer[1].

Dès l'origine de la philosophie, il est ainsi difficile de séparer les sens du commencement et du commandement, donc le sens temporel et le sens axiologique du principe. Heidegger écrit dans ce sens :

> Les Grecs entendent le plus souvent deux sens parler dans ce mot : *archè* signifie d'abord cela d'où sort quelque chose et prend départ ; ensuite ce qui simultanément, en tant que cette source et issue, maintient son emprise sur l'autre qui sort de lui, et ainsi le tient, donc le domine. *Archè* signifie en même temps prise du départ et emprise. En laissant de côté la rigueur ontologique, cela veut dire : commencement et commandement ; pour exprimer l'unité des deux dans son double mouvement d'éloignement et de retour à soi, *archè* peut être traduit par « pouvoir originaire » et « origine se déployant en pouvoir ». L'unité de ce double visage est essentielle[2].

Ensuite, la philosophie a approfondi cette recherche des principes (d'unification des phénomènes sous des principes) d'abord manifestée dans l'ordre physique et étendue à d'autres domaines (éthique et métaphysique). Elle a déployé son questionnement en direction de l'unicité d'un seul principe capable de rendre intelligible et maîtrisable le

---

1. S. Roux, *La recherche du principe chez Platon, Aristote et Plotin*, *op. cit.*, p. 11.

2. M. Heidegger*, Questions II*, « Comment se détermine la *phusis* », Paris, Gallimard, 1968, p. 190.

monde. Le terme d'*archè* n'est pas d'origine philosophique. Cicéron rapporte qu'*archè* est à l'origine (béotienne) une muse auprès de *Meletè* (exercice, entraînement, concentration), de *Mnèmè* et d'*Aoidè* (chant) – les trois fonctions de l'acte poétique – mais elle ne figure pas dans les listes primitives des Muses et on ne lui connaît aucune représentation iconographique[1]. Déjà présent dans la pensée et la littérature grecques, il désigne le commandement, mais surtout l'origine, le commencement, parfois renforcé de la préposition *ex* comme dans le discours poétique (*ex archès*)[2]. *Mnémosunè*, mère des Muses, préside à la fonction poétique, et comme l'écrit J.-P. Vernant,

> les Muses chantent en effet, en commençant par le début – *ex archès* – l'apparition du monde, la genèse des dieux, la naissance de l'humanité. Le passé ainsi dévoilé est beaucoup plus que l'antécédent du présent : il en est la source. En remontant jusqu'à lui, la remémoration cherche non à situer les événements dans un cadre temporel, mais à atteindre le fond de l'être, à découvrir l'originel, la réalité primordiale dont est issu le cosmos et qui permet de comprendre le devenir dans son ensemble[3].

La question de l'*archè* a bien rapport avec ce qu'on appelle la raison grecque, avant même sa « naissance » dans et par la philosophie présocratique, manifeste déjà dans le privilège du récit[4]. À qui veut chanter la colère d'Achille et ses

---

1. Cicéron, *La nature des dieux*, III, 54, Paris, Les Belles Lettres, 2002.
2. *Cf.* Homère, *Iliade*, XXII, 116, *op. cit.*, et *Odyssée*, XXI, 4, Paris, Les Belles Lettres, 1924.
3. J.-P. Vernant, *Mythe et pensée chez les Grecs*, Paris, La Découverte, 1990, p. 114-115.
4. *Cf.* R. Brague, *Introduction au monde grec*, Paris, Champs-Flammarion, 2008.

conséquences funestes, il faut prendre pour point de départ la première fois où Agamemnon et lui se fâchent. Hésiode de son côté demande aux Muses de raconter la naissance des dieux en commençant par le commencement (*ex archès*)[1]. Parler à partir de l'*archè* c'est dire, en disant l'origine, les choses mêmes. La philosophie s'empare ensuite de l'*archè* pour en faire l'objet propre de son enquête. La philosophie thématise l'exigence de l'*archè* comme telle. Elle manifeste la nécessité du principe et la nécessité de poser sa supériorité, en abandonnant le procédé narratif.

Dès lors la philosophie peut-elle se passer de toute référence à l'idée de principe ? La recherche du principe qui a largement occupé la philosophie au cours de son histoire serait désormais obsolète. Mais on peut se demander si cette attitude témoigne vraiment d'une indifférence au principe ou si elle ne traduit pas plutôt un repli sur des principes locaux, par une sorte d'idolâtrie méthodologique (le principe n'est qu'une règle fonctionnelle) : le principe n'est pas annulé, mais honteux. Comme dit M. Caron, ces courants « archéophobes » sont comparables à ceux-là qui, selon Origène, rapportent « à n'importe quoi plutôt qu'à Dieu leur indestructible notion de Dieu »[2].

Sur la longue histoire donc, à l'exception sans doute du scepticisme, mais non du matérialisme, la philosophie paraît indissociable de la question des principes – jusqu'à la crise de la métaphysique. Aristote aurait décidé de lier

---

1. Hésiode, *Théogonie*, v. 45 et v. 115, Paris, Les Belles Lettres, 2014.

2. M. Caron, « Le principe chez saint Augustin », dans B. Mabille (dir.), *Le principe, op. cit.*, p. 72. Comme l'ombre de Dieu plane encore sur le monde après sa mort, l'exigence du Principe inconditionné se réfléchit dans les principes méthodologiques.

le destin de la philosophie à la recherche sur les principes. De fait, on ne compte pas les ouvrages de philosophie portant le titre de principes : principes de la connaissance, de la nature humaine, de la morale, du droit politique… La référence au principe signale toujours l'exigence de radicalité, métaphysique ou simplement méthodologique. Seuls les principes fondent ou rendent intelligibles les faits : l'opposition aux faits est constitutive des principes. Par exemple, pour Rousseau, on n'entendra jamais rien à la politique et au droit si l'on ne traite pas des principes du droit politique (sous-titre de *Du contrat social*).

> Le droit politique est encore à naître, et il est à présumer qu'il ne naîtra jamais… Le seul moderne en état de créer cette grande et inutile science eût été l'illustre Montesquieu. Mais il n'eut garde de traiter des principes du droit politique ; il se contenta de traiter du droit positif des gouvernements établis ; et rien au monde n'est plus différent que ces deux études [1].

Le principe donne non seulement une vue plus haute, plus profonde mais aussi plus large des faits empiriques. Le principe embrasse une multitude de faits parce qu'il les relie entre eux. La raison d'un fait n'est pas un autre fait mais précisément le principe dont on peut le déduire ou auquel on peut le réduire. Ou encore, la suite (la collection) des faits obéit à un principe : ce qui paraît relever de la contingence procède d'un ordre intelligible sous-jacent, le divers est ramené à l'unité. Le principe met en ordre le réel et laisse supposer qu'il n'est pas livré au hasard. Le hasard est peut-être une cause (selon Aristote, avec la nature et l'art) mais une cause aléatoire n'est pas un principe.

1. J.-J. Rousseau, *Émile*, V, *Œuvres complètes III*, Paris, Seuil, 1971, p. 311.

Par définition le hasard ne peut partager la fonction du principe qui est de produire des effets réguliers, constants et déterminés[1]. Il ne peut d'ailleurs répondre à aucune définition de la cause[2]. Ainsi la succession des représentations dans le temps suit un ordre nécessaire, réglé par le principe de causalité. L'avant et l'après dans la succession de deux impressions subjectives est déterminé : je vois le bateau descendre le long du fleuve. La position qu'il occupe n'est pas celle qu'il occupait et n'est pas celle qu'il occupera en remontant vers la source du fleuve. Ce qui fait que je ne peux permuter arbitrairement ces différentes positions de l'objet dans la suite temporelle des représentations, c'est précisément le principe de causalité : c'est parce que l'entendement lie les phénomènes en les organisant selon le principe de causalité que la succession des représentations suit un ordre nécessaire.

Faut-il dire que l'exigence méthodologique des principes (dont l'application est sans limites : principes de la philosophie du droit (Hegel), principes de l'économie politique (Ricardo), principes fondamentaux d'histoire de l'art (Wölfflin)[3] …) trahit encore une manière philosophique, voire métaphysique d'assurer un savoir ou qu'elle marque déjà un repli (déflationisme) par rapport à la recherche métaphysique du principe ? Limiter la question

1. Aristote, *Physique*, II, 5 196b29-30, Paris, Les Belles Lettres, 1973.

2. Aristote, *Physique*, II, 3, 194b29, *op. cit.*

3. *Cf.* H. Wölfflin (*Principes fondamentaux de l'histoire de l'art* (1915), Paris, Gérard Monfort, 2012), fondateur de l'école formaliste en histoire de l'art qui ramène les mutations artistiques du XVIIᵉ à cinq catégories ou principes qu'on pourrait étendre à toute l'histoire de l'art (p. 278). Évidemment, l'histoire de l'art contemporaine s'est depuis longtemps détournée d'un tel formalisme jugé trop philosophique – Wölfflin vient de la philosophie et a été marqué par exemple par W. Dilthey.

des principes à la méthodologie (faire précéder le développement de la science par une analyse des principes généraux de cette science) est certainement une position moderne, en rupture avec la métaphysique antique. D'une manière générale on peut présenter la métaphysique moderne comme la philosophie qui substitue à la question : qu'est-ce que l'être ?, la question : comment peut-on connaître l'être ? Cette inflexion est manifeste avec la pensée critique. Dans l'ordre théorique, la question principale (principielle ou rectrice) de la raison est : que puis-je savoir ? Le criticisme inverse le rapport de la philosophie aux principes : la philosophie ne libère pas le savoir en découvrant qu'il dépend de principes supra-sensibles, mais au contraire interdit la voie d'une connaissance supra-sensible en se concentrant sur les principes qui conditionnent la science (discipline transcendantale). On peut alors se demander si une théorie de la méthode peut encore être métaphysique ou si elle est la condition ou le premier moment d'une philosophie post-métaphysique qui récuse la priorité de la question des principes. Sans doute l'opposition entre métaphysique antique (qui définit la philosophie ou la science par la recherche des principes) et la philosophie moderne (qui ramène les principes à l'examen méthodologique des conditions et des limites de la science) est-elle trop simple, puisqu'il y a une philosophie moderne (métaphysique pré-critique) qui fait toute sa place aux principes premiers, tout en insistant sur la nécessité de la méthode (cartésianisme). Aussi faut-il supposer que, malgré leur différence (le fondement objectif ou subjectif de la vérité), il y a quelque chose de commun entre la métaphysique antique (Platon, Aristote, Plotin) et la métaphysique moderne (Descartes, Malebranche, Spinoza, Leibniz) précritique :

la légitimité pour la raison humaine de remonter aux principes premiers des choses, la possibilité de traiter les principes de la connaissance comme les principes de l'être. Toutes les preuves de l'existence de Dieu (comme premier principe) reposent sur la radicalisation ontologique des principes du connaître – Dieu est la raison suffisante du monde ; il serait contradictoire qu'un être dont l'essence est infinie n'existât pas.

On pourrait donner une définition du principe susceptible de rendre compte à la fois de la métaphysique dogmatique du principe et de la critique méthodologique des principes. Est principe « ce dont quelque chose procède de quelque manière que ce soit ». L'idée de procession évoque évidemment la métaphysique plotinienne. Mais il suffit de donner le sens logique de dérivation ou de déduction au verbe « procéder » pour que la définition s'applique aussi à la méthodologie et à l'épistémologie. Le principe est sans doute d'une certaine façon toujours un point de départ. Cependant, les problèmes philosophiques ne sont pas les mêmes. Dans une perspective métaphysique, le principe n'est justement pas simplement un point de départ : il est ce qui commence en permanence et ce qui, de ce fait, commande toujours ce qui se déploie au-delà de lui (« pouvoir orginaire » disait Heidegger). Dès lors c'est bien la « principialité » du principe qui est problématique. Qu'est-ce qui assure la primauté du principe et comment le principe exerce-t-il cette primauté ? Si le principe n'est premier que comme le premier terme d'une série causale, le principe risque d'être homogène au principié et la contingence de celui-ci menace de rejaillir sur lui. Il s'agit donc de dégager le principe du principié, de le mettre à l'abri de celui-ci, autrement dit de le déclarer au-delà du principié. Le principe n'est principe que s'il est transcendant à l'égard de ce qui procède de lui[1]. Mais c'est précisément cette transcendance qui est problématique. Non seulement il s'agit de savoir comment assurer théoriquement cette différence du principe (par l'éternité, l'immobilité, sur le mode de l'éminence, de l'analogie…). Mais au moment même où cette transcendance est reconnue, une difficulté apparaît immanquablement. Comment dire le principe si le principe est radicalement hétérogène au principié?

C'est le problème de l'ineffabilité du principe souvent rencontré dans la métaphysique antique. Si le principe est au-delà même de l'essence (Platon, Plotin), n'est-il pas aussi au-delà du *logos*? La radicalisation de la dimension ontologique du principe le pose au-delà de l'être (ou de l'essence) et du même coup ne lui permet plus d'assurer sa fonction logique ou gnoséologique. L'« être » du principe au-delà de l'essence entre en contradiction avec la visée de la connaissance, la fondation dans le principe avec la fonction du principe. La transcendance du principe rend le principe contradictoire – le principe est ainsi lui-même au-delà du principe de contradiction : il est, sans être un étant, il est d'autant plus principe de connaissance qu'il est inconnaissable (dans sa principialité). Le principe censé être la raison de tout est au-delà de toutes les raisons pour le comprendre. Par ailleurs, si la métaphysique dogmatique ne répugne jamais à opposer des termes sensibles et subordonnés à des termes intelligibles et supérieurs et, à partir de là, à poser l'unicité d'un Principe, elle doit aussi affronter le problème de la « principialité ». Il est nécessaire de poser un principe premier, mais c'est là la moitié du

1. *Cf.* par exemple Plotin, Traité 30, *Traités 30-37*, Paris, GF-Flammarion, p. 45-46.

problème. Il s'agit en effet de s'interroger également sur la manière dont le principe exerce sa primauté sur le principié. Il est en quelque sorte plus facile de remonter du principié au principe (de poser la nécessité de l'*archè*) que de redescendre du principe vers le principié – Platon aura, somme toute été plus loquace sur la dialectique ascendante que sur la descendante. Autrement dit, le problème du principe c'est la tension entre la nécessité (fondatrice) du principe et la nécessité de sa liaison avec le principié. Le problème de la principialité est donc le problème inverse de sa primauté. Théophraste a précisément insisté sur cette tension des deux nécessités dans sa *Métaphysique*[1].

Au compte du dogmatisme, Théophraste oppose, en effet, sans hésitation des êtres premiers aux choses sensibles et souligne la nécessité d'envisager leurs relations selon des rapports d'antériorité et de postériorité : les termes premiers sont intelligibles, les termes sensibles sont seconds, les premiers précèdent et sont supérieurs aux sensibles, soumis au changement. Les uns sont éternels, les autres temporels.

Parce que ces termes ou êtres premiers jouent le rôle de principes par rapport aux êtres sensibles, il est raisonnable de penser que l'on ne peut se contenter d'admettre les nombres ou les idéalités mathématiques. Autrement dit, c'est la nécessité du principe, elle-même envisagée comme nécessité d'une connexion entre les intelligibles et les sensibles qui oblige à admettre un principe encore supérieur, et ainsi à unifier les principes dans un unique Principe. Parce que le principe doit être en connexion avec le principié, et parce qu'exercer sur lui sa principialité ne peut se limiter au rapport entre le nombre et l'être et qu'au

1. Théophraste, 4a9-7a14, Paris, Les Belles Lettres, 1993.

contraire les réalités mathématiques dépendent en quelque façon de l'âme, il faut admettre des principes en petit nombre, et même un seul principe qui puisse être la cause de tout ce qui est en vie et en mouvement. Ce principe placé si haut par la fonction qu'il doit remplir mérite le prédicat de divin. Ainsi l'hypothèse d'un principe supra-sensible ne pose aucune difficulté particulière et s'impose même nécessairement.

Il en va autrement dès qu'on envisage le rapport du principe aux choses. Que doit être le principe pour que les choses qui en dépendent lui soient rattachées ? Le principe est au-dessus des êtres sensibles, mais de quelle manière lui sont-ils suspendus ? Il est facile et rationnel de poser des principes et même un seul principe, mais il est plus obscur et moins évident de préciser le rapport du principe aux choses après lui. Cette difficulté propre à la primauté du principe, Aristote et Plotin l'ont également rencontrée (aspiration comme cause finale [1], procession comme contemplation [2]).

Mais les questions philosophiques du principe ne se limitent pas au problème de la primauté du principe. Peut-être l'embarras philosophique à propos du concept de principe tient-il à cette position transcendante que la métaphysique lui attribue traditionnellement. Un principe non transcendant est-il encore un principe ? Mais un principe transcendant est-il encore connaissable ? Autrement dit, il s'agit de s'interroger sur le statut des principes dans leur rapport à la raison. Tout rationalisme fonde la connaissance sur des principes. Mais y a-t-il des principes premiers de la connaissance et quel est le rapport de la raison à de

1. Aristote, *Métaphysique,* L, *op. cit.*
2. Plotin, Traité 30 (III, 8), *Traités 30-37*, *op. cit*, p. 46.

tels principes? Quelle est la rationalité des principes? Finalement la réflexion ici tourne autour de la difficulté de savoir comment sont connus les principes par lesquels la connaissance est possible. Et si les principes ne sont que les principes du connaître sans être les principes de l'être, si finalement les principes sont des règles méthodologiques ou des conventions épistémologiques, alors la référence à des principes se justifie-t-elle encore vraiment?

PREMIÈRES CAUSES, PREMIERS PRINCIPES

Sur la constitution philosophique du concept de principe, deux positions s'affrontent. Soutenir ou bien que la philosophie commence par la recherche du principe – le principe est à l'origine de la philosophie – ou bien que la recherche du principe en est venue à constituer le projet philosophique.

À l'appui de la première thèse, on insistera sur l'importance des présocratiques, en suivant l'opinion d'Aristote – Heidegger confie que c'est Aristote qui fait rétrospectivement du mot « principe » un concept initial de l'histoire de la philosophie. À l'appui de la seconde, c'est plutôt le moment platonicien et/ou néo-platonicien et le moment aristotélicien qui seront privilégiés. En réalité, on peut dire que Platon marque un moment décisif dans l'élaboration du concept de principe ou dans la constitution problématique de ce concept, même si le concept d'*archè* n'y fait pas l'objet d'une analyse propre, contrairement à Aristote et à Plotin.

Sans doute la pensée des présocratiques marque-t-elle une rupture, qu'on a pris l'habitude, de manière contestable, d'identifier avec la « naissance » de la « raison ». Tout en conservant le schéma généalogique propre à la pensée mythique (théogonie et cosmogonies anciennes), elle transforme profondément la recherche de l'*archè*. D'abord elle substitue des termes élémentaires et abstraits aux divinités. Mais surtout le sens temporel de l'*archè* se voit complété du sens ontologique et en quelque sorte « politique » : l'élément est principe parce qu'il est à l'origine des choses et ce qui, en elles, continue de commander leur devenir au-delà de l'origine. Qu'est-ce qui permet d'identifier l'élément au principe ? Si l'élément est ce dont la chose est faite, il est ce dont elle provient : l'élément satisfait donc la provenance, l'origine du principe (*ex*). L'élément est encore le fondement des choses parce qu'il est, au fond de celles-ci, ce qui demeure sous leur changement et même ce qui commande et préside à tous leurs changements. Donc l'origine des choses ne passe pas dans les choses qu'elle fait advenir : au commencement de leur existence, elle est encore ce qui les soutient dans l'existence et dirige leur devenir. Enfin les présocratiques ont accompli le projet de la philosophie de réduire toutes choses à un seul terme : cet élément en tant qu'il est à l'origine de tout mérite d'être appelé principe, dans toute l'ambivalence du terme. Est principe ce dont toutes les choses dérivent parce qu'elles sont constituées de manière élémentaire. Les présocratiques en développant la philosophie comme une enquête sur la nature et en cherchant les éléments constitutifs de la nature ont assigné à la philosophie la quête des principes.

C'est Aristote qui a popularisé cette origine présocratique de la recherche philosophique sur les principes (c'est-à-dire la définition de la philosophie comme recherche des principes). Aristote fait toujours précéder l'examen de chaque question d'un exposé exotérique, la vérité n'étant pas le privilège d'un seul penseur. C'est cette même conviction qui le conduit à proposer la première histoire (philosophique et téléologique) de la philosophie à propos de la causalité. Ainsi au livre A de la *Métaphysique*, il examine successivement les théories des présocratiques et des platoniciens. Après une définition de la philosophie (comme savoir des causes et plus précisément des premières causes et des premiers principes), il dresse une histoire de la philosophie dont le fil conducteur est précisément le concept de cause ou la recherche du principe, et qui est téléologiquement orienté vers sa propre théorie des quatre causes[1].

Pour Aristote toute science se trouve définie comme recherche de causes et de principes.

> Connaissance et science se produisant, dans tous les ordres de recherches dont il y a principes ou causes ou éléments (en effet nous ne pensons avoir saisi une chose que lorsque nous avons pénétré les causes premières, les principes premiers et jusqu'aux éléments), il est donc clair que, dans la science de la nature, il faut s'efforcer de définir d'abord ce qui concerne les principes[2].

Chaque science porte sur un objet et puisque savoir c'est connaître les causes ou mieux par les causes, il s'agit toujours au préalable d'examiner quels sont les principes de chaque science. Et c'est parce que l'examen des principes doit précéder la science elle-même qu'il est nécessaire de commencer par une étude dialectique sur leur existence, leur nature et leur nombre, ce qui se fait plus facilement en prenant appui sur les opinions des prédécesseurs. Donc la science doit être précédée de l'étude dialectique des principes, celle-ci prenant la forme d'un examen exotérique des théories antérieures, souvent suivi encore d'un exposé

---

1. *Cf.* chap. 3, 7 et 8.
2. Aristote, *Physique*, I, 184a10-15, Paris, Les Belles Lettres, 1973.

aporétique, comme au livre B de la *Métaphysique*[1]. Aristote
ne donne d'ailleurs nulle part une définition « globale et
univoque »[2] de la dialectique. Elle semble n'avoir que
l'unité d'un usage et non une unité conceptuelle rigoureuse.
Cet art d'interroger qui permet de « conclure les contraires »
– ce qui correspond au sens premier de la dialectique
qu'Aristote ne néglige pas – est surtout rapporté au « caractère universel de son domaine et de ses prétentions »[3].

> Le but de ce traité [*Topiques*] est de trouver une méthode
> grâce à laquelle nous pourrons raisonner (*sullogizesthai*)
> sur tout problème proposé en partant de thèses probables
> (*ex endoxôn*)[4].

Or quel peut être l'objet le plus général, et donc le plus
discuté et soumis aux thèses les plus opposées, sinon la
question des principes ? On atteint ici un des principaux
paradoxes attachés à la notion de principe. Il n'y a pas de
science sans principes, et la science suprême ou sagesse
doit être science des premiers principes. Mais l'examen
des principes communs aux sciences échappe à la procédure
démonstrative et oblige à recourir à un examen qui n'est
pas scientifique (dialectique). Aristote conçoit ainsi la
découverte de la vérité comme un recommencement à
partir des paroles éparses où cette vérité s'est dispersée :
il conclut ainsi tout le livre I de la *Physique* :

> Voilà donc établie l'existence des principes, leur nature,
> leur nombre. Maintenant continuons notre discours en
> prenant un nouveau point de départ (*palin de allèn archèn
> arxamenoi legômen*)[5].

---

1. Aristote y examine toutes les difficultés ou les problèmes portant
sur les principes précisément. Cf. *Métaphysique* B, 1, *op. cit.*
2. P. Aubenque, *Le problème de l'être*, Paris, P.U.F., 1962, p. 255.
3. *Ibid.*, p. 256.
4. Aristote, *Topiques*, I, 1, 100a18, Paris, Vrin, 1984.
5. Aristote, *Physique*, I, 9 192b3-4, *op. cit.*

Aux présocratiques, Aristote adresse un reproche majeur. Ignorant pour la plupart la cause formelle et la cause finale, ils ont été conduits à une conception matérialiste du principe qui, pour ainsi dire, est contradictoire avec la nature même du principe (qui doit être séparé de ce qu'il engendre et/ou explique). Le principe ne peut déployer sa rationalité que si on lui attribue une différence ontologique qui le situe sur un autre plan que celui du devenir des choses matérielles. Faire du principe un élément de la matière c'est en quelque sorte l'assimiler au principié. Le principe de la matière ne peut pas lui-même être matériel[1]. Aristote fait ressortir dans le texte déjà cité du livre A cette irréductibilité en montrant comment la vérité même impose la recherche d'un autre principe que la cause matérielle. Et c'est pourquoi Anaxagore a pu passer pour un penseur supérieur et avisé par rapport aux « divagations de ses prédécesseurs »[2] en identifiant le principe au *Noûs* – même si, au chapitre 4, Aristote ne ménage pas Anaxagore, qu'il accuse de se servir de l'Intellect comme d'un

> *deus ex machina* (*mèchanè*) pour la formation de son univers : quand il est embarrassé d'expliquer pour quelle cause telle chose est nécessaire, il tire alors sur la scène l'Intelligence, mais, dans les autres cas, c'est à tous les autres principes plutôt qu'à l'Intelligence qu'il attribue la production du devenir[3].

C'est que seul un tel principe peut précisément gouverner et ordonner toutes choses, et seul un principe avec cette emprise et cette puissance organisatrice mérite d'être appelé *archè*. Or seule une intelligence a le pouvoir de cette

---

1. Pour autant, l'élément n'est pas matériel comme la chose l'est, et cette différence préserve l'irréductibilité de l'élément-principe.

2. Aristote, *Métaphysique*, 984b 1, *op. cit.*

3. *Ibid.*, 985a18-21.

fonction. On retrouve chez Platon cet éloge du *nous* dans le *Philèbe*, qu'il réhabilite après la déception du *Phédon*[1] :

> Tous les sages s'accordent pour s'exalter, à vrai dire, eux-mêmes en affirmant que l'intellect (*nous*) est le roi (*basileus*) de notre univers et de notre terre. […] Mais que l'intellect soit l'ordonnateur universel, voilà qui est digne de l'aspect qu'offrent le monde, le soleil, la lune, les astres et toute la révolution céleste … [2].

La causalité du principe ne peut pas être d'ordre matériel : seul l'intellect peut exercer le « pouvoir originaire » du principe car seul il en préserve le caractère séparé. Dire que le principe gouverne, c'est dire qu'il n'est pas mélangé. La souveraineté du principe tient à son autosuffisance et à sa séparation. Et parce qu'il reconnaît explicitement la nécessité de cette différence (alors qu'elle est encore implicite dans l'hymne présocratique d'Anaxagore sur le gouvernement du *nous),* Platon constitue un moment décisif dans l'histoire du concept philosophique de principe[3].

La notion de principe est évidemment complexe dans le platonisme parce qu'elle apparaît dans de nombreux dialogues selon des approches, des thématiques très variées, qui laissent ouverte la question de savoir s'il y a un ou plusieurs principes chez Platon, si ce qui est reconnu comme principe ici est commensurable avec ce qui est nommé ou fait office de principe ailleurs. Le principe, en vertu même de la nécessité de son essence, mérite d'être qualifié de divin. Mais dans le platonisme le divin peut être revendiqué aussi bien par les essences ou les Formes du *Phèdre*, le

---

1. Platon, *Phédon*, 97b-99a, Paris, Les Belles Lettres, 1978.
2. Platon, *Philèbe*, 28c-e, Paris, Les Belles Lettres, 1978.
3. En réalité, il apparaît que l'histoire philosophique du principe est double : la ligne de Démocrite, la lignée de Platon.

démiurge du *Timée*, le Bien de la *République*, les grands genres du *Sophiste*.

Un passage du *Phèdre*[1] malgré sa brièveté, est digne d'attention[2]. L'exigence de l'*archè* y est clairement posée, comme celle de lui reconnaître une certaine nature. Mais il s'agit précisément d'une occurrence et non d'une véritable thématisation. En effet son apparition se fait dans le cadre d'une réflexion sur l'âme et plus précisément d'une démonstration de l'immortalité de l'âme. Pourtant la notion de principe est convoquée comme un argument majeur dans cette démonstration. On trouverait dans l'œuvre de Platon d'autres textes similaires[3]. Mais l'argument présente dans le *Phèdre* une double originalité : d'une part le terme apparaît dans un passage qui lui est, même brièvement, pleinement consacré ; d'autre part le terme y subit une inflexion sémantique vers ce qui est principe et non pas simplement origine ou commencement. On pourrait dire que l'*archè* est principe en tant qu'il s'oppose à l'origine ou au commencement.

Que ce soit d'ailleurs, dans le cadre d'une démonstration que le terme de principe intervienne et s'y trouve défini, est un autre trait saisissant. En effet, Platon procède ici comme un mathématicien qui poserait comme point de départ de la démonstration l'objet qui est à démontrer, c'est-à-dire l'immortalité de l'âme (*archè apodeixeôs*). Autrement dit, *archè* est encore employé dans son sens logique ou mathématique. La démonstration commence par ce qui est proposé à la démonstration (l'âme est

1. Platon, *Phèdre*, 245c-246, Paris, Les Belles Lettres, 1978.
2. *Cf.* les analyses de S. Roux, *La recherche du principe chez Platon, Aristote et Plotin, op. cit.*, p. 25 *sq*.
3. *Cf.* Platon, *Lois*, X, 893b1-899d3, *Œuvres complètes II*, Paris, Gallimard, 1950.

immortelle). Ce qui est posé en premier c'est le but de la démonstration. Ensuite la démonstration se déroule en deux temps : établir la définition (*logos*) de l'immortalité – est immortel ce qui se meut de soi-même ; puis chercher la chose dont l'essence correspond à cette définition, c'est-à-dire montrer que la définition de l'immortalité correspond à la nature de l'âme. Autrement dit, le procédé argumentatif n'est pas ici de type syllogistique : la proposition de départ n'est pas une conclusion qui autoriserait une déduction (comme si l'on avait affaire à : l'âme est un principe ; or tout ce qui est principe est immortel : donc l'âme est immortelle) mais ouvre une démarche analytique vers les termes simples qui la composent et finalement vers le terme simple qui n'apparaît pas immédiatement en elle et qui est précisément la notion de principe.

Si l'on examine de plus près cette structure argumentative et le statut qu'y joue l'*archè*, on voit que le terme apparaît comme un terme simple au-delà duquel l'analyse ne peut plus régresser – qui passe alors pour un indémontrable. Le principe ici n'a pas le rôle de moyen terme dans un syllogisme mais d'un terme premier découvert analytiquement. Il s'agit d'analyser l'hypothèse (l'âme est immortelle) en spécifiant « immortalité » qui signifie « mouvement éternel », qui implique « mouvement par soi » qui implique « principe du mouvement » qui enveloppe l'autosuffisance et l'autosubsistance. Ainsi il s'agit de rapprocher un nom (âme) de la définition de l'immortalité qui inclut nécessairement la notion de principe. Autrement dit, l'argumentation conduit à dégager un ordre de réalité original (l'ordre principiel) et à montrer que l'âme est immortelle parce qu'elle appartient à ce domaine : ce n'est pas parce qu'elle est immortelle qu'elle est un principe mais parce qu'elle est un principe qu'elle est immortelle.

Par-là, Platon inaugure la longue tradition (notamment aristotélicienne) qui traite la question du principe en relation avec le mouvement. Le mouvement a besoin d'un principe : le principe est avant tout principe du mouvement[1]. Ainsi la cause efficiente est-elle synonyme de principe de mouvement : c'est la cause efficiente qui fait passer du repos au mouvement, qui explique le changement d'état ou de qualité d'un corps. C'est la question du mouvement qui sollicite la notion de principe. Ce qu'il faut pouvoir expliquer c'est la possibilité du mouvement. Plus exactement, il faut distinguer entre deux types de mouvement : ce qui se meut toujours et ce qui est mû par un autre, un mouvement infini et un mouvement fini qui correspondent à deux causes distinctes : par soi et par autrui. Or si le propre du mouvement fini est d'être suspendu à une cause extérieure, de sorte que sa finitude consiste dans cette dépendance même, un mouvement infini, ne recevant pas son mouvement d'autre chose, doit être éternel – du moins s'il ne se délaisse pas lui-même comme dit le texte, c'est-à-dire s'il continue infiniment à se donner l'impulsion. Un mouvement infini est un mouvement éternel et/ou par soi. Il faut insister ici sur deux points : d'une part le mouvement du principe n'est pas le signe d'une déficience, d'un manque d'une perfection (ce qui est le cas pour le mouvement fini) : le principe n'est pas en mouvement pour combler un écart, par manque d'être – il s'agit en quelque sorte d'un mouvement de plénitude. D'autre part, si le principe se

---

1. Puisque dans la « physique » grecque, ce n'est pas le repos mais le mouvement qui a besoin d'une raison ou d'une cause. Le repos est la suppression du mouvement qui est en vue de lui comme sa perfection.

mouvant lui-même ne s'abandonne pas soi-même, c'est que le mouvement n'est pas simplement pour lui une propriété mais une activité – activité qui ne décline pas par un dépérissement progressif des forces. Et ce qui le fait comprendre c'est précisément la nature même d'un principe, c'est-à-dire son caractère impérissable et immortel – ici Platon reprend la même caractérisation que Parménide (*ageneton kai anôlethron*) mais à cette différence qu'elle n'était pas appliquée chez celui-ci à l'*archè*. C'est ce que met en évidence la seconde partie du passage, en proposant la définition de l'*archè*. Le mouvement du principe n'a ni commencement ni fin parce que le principe est une chose inengendrée et incorruptible. Et Socrate d'établir la justification de ces deux caractéristiques. Il est impossible de supposer qu'un principe soit engendré parce que c'est à partir de lui que toutes les choses sont et deviennent engendrées. Mais cette impossibilité logique (il est contradictoire que ce qui engendre soit engendré) se double de l'impossibilité de la régression à l'infini (ce qui est engendré ne peut l'être à l'infini). Par ailleurs il doit être incorruptible car s'il périssait, périrait et ne pourrait commencer d'être tout ce dont l'existence dépend de lui. Autrement dit, le principe n'a pas d'origine, ou plutôt la réflexion sur l'*archè* oblige à distinguer entre l'origine (ou le commencement) et le principe (ou le fondement). Sans un principe permanent, éternel, il ne pourrait y avoir de devenir. Le principe est ainsi rencontré comme ce qui est différent par nature. Le principe ne peut exercer sa causalité que parce qu'il est autre : il ne peut fonder que parce qu'il diffère de ce qu'il fonde, il ne peut conditionner qu'en étant inconditionné. Il est défini par la négation des prédicats de ce qui dépend de lui (im-mortel/in-corruptible). Et c'est cette supériorité ou cette différence ontologique qui est la condition de sa principialité.

On saisit dès lors mieux ce que le texte du *Phèdre* apporte de conceptuellement nouveau à la notion d'*archè* – même si, répétons-le, son introduction sert à établir la démonstration de l'immortalité de l'âme (du moins de sa partie noétique), ce qui revient à justifier la primauté ontologique de l'âme par rapport au corps. En même temps il faut noter que c'est à l'âme plus qu'à une quelconque réalité (même le Bien) que Platon identifie la notion de principe. Si le *Phèdre* démontre que l'âme est bien de l'ordre des principes, Platon laisse entendre que c'est de l'âme que se dit surtout la notion de principe. La raison paraît en être que tout principe est principe de quelque chose et que le mouvement est précisément ce dont il y a principe. Il ne suffit pas de dire que le principe est inengendré et incorruptible, il faut encore affirmer qu'il est avant tout ce qui met en mouvement, soi-même éternellement, et toutes choses qui dépendent de lui. C'est parce qu'il est principe de mouvement que le principe est immortel. Mais alors trois caractéristiques définissent un principe : immortalité, incorruptibilité, auto-motricité. Et l'auto-motricité est la condition de l'immortalité et de l'incorruptibilité. Et c'est bien la raison pour laquelle l'âme est principe et que le principe s'applique à l'âme plus qu'à tout : elle est principe de vie et de mouvement du corps. Et c'est parce que le principe est moteur et auto-moteur que la notion ne peut convenir absolument aux Formes qui sont certes inengendrées et incorruptibles mais dont on ne peut sans contradiction supposer qu'elles sont en mouvement.

Il n'y a évidemment rien d'original à dire qu'une naissance suppose une *archè* puisque *archè* signifie précisément l'origine ou le commencement. Tout ce qui naît a un principe ou une origine. Mais Platon attribue à l'*archè* un sens ontologique, et c'est ainsi que le mot en vient à signifier le concept de principe. Dans le *Phèdre*, Platon affranchit le mot *archè* de son usage aussi bien dans la tradition mythique (où l'*archè* est toujours associée aux valeurs de l'ancienneté, à la généalogie) que chez les philosophes présocratiques (élément), en lui ouvrant un nouvel horizon théorique. Le principe est désormais par définition ce qui est extérieur à tout ce qui concerne le devenir. Chez les Présocratiques, le principe c'est l'élément. Il est bien terme premier (principe) mais l'élément parce qu'il est quelque chose de matériel (*Métaphysique,* A), comme la substance indéfiniment remodelable, en puissance de toutes les formes (ainsi chez Thalès l'eau par condensation produit l'air, par solidification la terre) est soumis au devenir dont il est indissociable. L'élément contraire (la terre ou l'air) est engendré par une auto-transformation de l'élément premier. Si l'élément est principe de permanence (substance), c'est en tant qu'il est perpétuellement en transformation, de sorte qu'on ne peut dire si l'élément est principe du changement ou si le changement est la substance de l'élément. Au contraire comme le dit parfaitement S. Roux,

> Dans le *Phèdre*, l'*archè* n'est pas l'élément commun à tout, mais le principe actif de toute chose. Elle ne se présente pas comme un terme immanent mais comme un principe qui transcende par sa nature ce pour quoi il est principe[1].

1. S. Roux, *La recherche du principe chez Platon, Aristote et Plotin*, *op. cit.*, p. 39.

L'*archè* ne commande pas toutes choses parce qu'il est en toutes choses mais parce qu'il n'est (dans) aucune [1] : il les commande parce qu'il les domine, c'est-à-dire qu'il transcende l'ordre du devenir auquel elles sont soumises : le principe domine le devenir qui domine les choses.

> L'*archè* est étrangère au devenir qu'elle tient sous sa dépendance car, même présente dans un corps ou unie à lui [l'âme donc], elle s'y donne comme différente par nature, transcendant le corps par sa nature même. Parce qu'elle doit mouvoir le corps (et le monde, pour l'âme universelle), elle se trouve ontologiquement surévaluée : ce par quoi il y a du mouvement est lui-même cause de son propre mouvement, ce par quoi il y a de la vie et de la mort, de la naissance et de la corruption, échappe lui-même à la naissance et à la corruption, est inengendré et incorruptible. Il y a dépendance de ce qui devient à l'égard de ce qui est toujours, ce qui suppose que la permanence du devenir est impensable sans la référence à un ordre de réalité différent qui échappe à la finitude. L'*archè* ne dit plus seulement l'unicité profonde et intérieure du monde et de l'être, mais la transcendance ontologique qui maintient et soutient le monde [2].

---

1. *Cf.* Plotin, Traité 30, *Traités 30-37*,x *op. cit.*, p. 47.
2. S. Roux, *La recherche du principe chez Platon, Aristote et Plotin*, *op. cit.*, p. 39-40.

LE BIEN AU-DELÀ DE L'ESSENCE

Si l'*archè* dans le *Phèdre* est un détour essentiel pour la théorie de l'âme sans être pensée pour elle-même, il semble en aller tout autrement avec la *République*[1]. La philosophie platonicienne est en effet souvent présentée comme une philosophie qui prétend rendre compte de la totalité du réel à partir d'un principe premier et unique. La « vérité » du platonisme serait donnée dans la *République* et, la « vérité » de la *République* à partir d'un fameux passage du livre VI[2]. Platon présente ainsi la recherche dialectique comme remontée vers un principe anhypothétique (*archè anupothetos*) qui constitue le point de départ le plus sûr et le plus ferme à la connaissance des idées : le principe est donc l'objet suprême de la suprême connaissance et son fondement. Or ce principe qui fonde la connaissance (et qui est le premier objet connaissable en droit)

1. *Cf.* aussi le *Timée* (Paris, Les Belles Lettres, 1985) qui, à travers son mythe d'origine, a été souvent interprété, notamment par les Anciens (Varron), comme une théorie des principes malgré le refus exprimé en 48c de traiter du ou des principes : le démiurge ou la cause du monde, le modèle ou le père de l'univers, le réceptacle (*chôra*) ou la mère de l'univers sont déclarés inengendrés, impérissables. Le démiurge n'est que la personnification du caractère divin du principe. Finalement le *Timée* en récusant une théorie physique des principes autorise un discours théologique des principes, privilégié par le néoplatonisme. *Cf.* S. Roux, *La recherche du principe chez Platon, Aristote et Plotin op. cit.*, p. 67.

2. Platon, *République*, VI, 505a-511e, Paris, Les Belles Lettres, 1975.

est défini comme le Bien (l'idée du Bien). Et le Bien, lui-même caractérisé comme ce qui est au-delà de l'essence (*epekeina tès ousias*), n'a pas seulement pour fonction de fonder le savoir, mais aussi de fonder l'être même des choses (des idées notamment). La fonction du principe est, dans l'interprétation traditionnelle, conçue de manière radicalement ontologique.

L'ensemble du passage condense toutes les déterminations de la notion de principe. On retrouve l'opposition entre le principe et le devenir du *Phèdre*, la double fonction (épistémologique et ontologique) du principe, la subordination de la fonction épistémologique à la fonction ontologique, la distinction entre principes fonctionnels (comme en géométrie) et principe fondationnel (comme la dialectique en recherche), la transcendance d'un Principe unique qui commande toutes choses (essences et existences), donc le concept métaphysique de principe, la distinction de deux modes de connaissances des principes, la raison intuitive et la raison discursive.

L'interprétation traditionnelle de ce texte fondamental dans toute l'histoire de la philosophie repose sur trois thèses [1] : l'assimilation du principe anhypothétique à l'idée du Bien ; la valeur ontologique du principe qui rend raison aussi bien de l'être des essences (et indirectement de l'être des existences empiriques) que de la connaissance des essences [2] ; la transcendance qui attribue au principe un statut ontologique supérieur sur l'ensemble de ses effets [3].

---

1. Nous suivons les analyses précieuses de S. Roux, *La recherche du principe chez Platon, Aristote et Plotin*, *op. cit.*, chap. III.

2. Le texte dit en effet que le Bien confère aux idées « l'être et l'essence » (509b7-8 : *to einai te kai tèn ousian*).

3. Le Bien est *dit epekeina tès ousias* en 509b9 et Glaucon emploie en 509c2 le terme *huperbolè* pour exprimer cette supériorité du Bien.

Platon n'indique pas explicitement que le Bien est le principe anhypothétique. La référence au Bien et la référence au principe anhypothétique ne s'intègrent pas à la même séquence textuelle. Pour autant, le principe anhypothétique est qualifié de « principe de tout » (*tèn tou pantos archèn*[1]). Or une telle qualification ne semble pouvoir s'appliquer qu'au Bien en tant précisément qu'il possède cette efficience ontologique (et pas seulement une fonction épistémologique) de donner l'être et l'essence à toutes les idées. Par ailleurs, si la dialectique qui cherche ce qu'est chaque chose n'arrête son examen qu'une fois atteint le terme (*telos*) de l'intelligible, c'est-à-dire le Bien en son essence (*o estin agathon*[2]), on peut difficilement ne pas assimiler le principe anhypothétique et le Bien. C'est ce que l'analogie entre le Bien et le soleil semble confirmer : si le Bien est comme le soleil, il joue dans son domaine (la connaissance dialectique) le même rôle que le soleil dans le sensible : il est donc le principe absolu au-dessus duquel il n'y a rien (anhypothétique) : il n'est posé par rien d'antérieur car il est le terme ultime ou premier qui pose tout. Et dans l'allégorie de la Caverne, la sortie du prisonnier ne s'achève qu'avec la vision du soleil, c'est-à-dire selon l'analogie qu'avec la saisie du Bien[3]. Enfin cette identification se déduit également de l'opposition entre la dialectique et la géométrie. La géométrie est présentée à la fois comme science qui pose des principes qui ne sont que des hypothèses, ce qui la place en dessous de la dialectique qui remonte à un principe anhypothétique, et comme ce qui prépare la dialectique en traitant de formes essentielles : donc la dialectique qui remonte au premier principe prend

---

1. Platon, *République*, VI, 511d6-7, *op. cit.*
2. *Ibid.*, 532a5-b-3.
3. *Ibid.*, 516b-c.

pour objet le Bien, donc le Bien est le principe anhypothétique de la dialectique.

La lettre du texte indique que le Bien ne se contente
pas de rendre les formes connaissables mais que, de lui,
elles tiennent aussi l'être et l'essence[1]. Le passage ne dit
pas exactement que le Bien donne l'être (l'existence) et
l'essence aux Formes mais seulement que l'être et l'essence
sont, en plus de leur connaissance, attachés ou joints
(*proseinai)* au Bien. Mais l'analogie avec le soleil pour
lequel il est dit qu'il procure (*parechein*[2]) la genèse et
l'accroissement aux choses visibles, peut laisser penser
que ce rapport est bien une forme de donation. Platon de
manière tout à fait claire propose une double fonction au
Bien : fonction épistémologique et fonction ontologique.
De même que le soleil rend visibles les choses sensibles,
de même le Bien rend intelligibles les formes (fonction
épistémologique) ; de même que le soleil engendre les
choses sensibles, de même le Bien fait être les essences
(fonction ontologique). On pourrait même préciser que
cette fonction ontologique présente un double aspect :
principe d'être, il fait exister en général les Idées ; principe
de détermination, il constitue l'identité de chaque Forme – il
les fait toutes exister et chacune comme un être distinct.
Cette fonction ontologique est présentée dans d'autres
passages, quand Platon fait du soleil « le fils du Bien »[3],
considérant qu'il est son image la plus ressemblante. Par
ce rapport de filiation et de ressemblance, il suggère que
le Bien a une fonction d'engendrement (il est principe
d'être) et que cette fonction ne se limite même pas aux
essences (le Bien engendre le soleil qui engendre les
choses).

1. Platon, *République*, VI, 509b7-8.
2. *Ibid.*, 509b3.
3. *Ibid.*, VI, 506e3-4.

La transcendance du Bien est paradoxale : il est à la fois au-delà de l'essence et principe de détermination des essences. S'il est ce principe de détermination, il doit être ou avoir une essence. Mais il est au-delà de l'essence en tant qu'il donne l'être aux essences. Donc dans la fonction ontologique, il y a une tension entre le principe d'être et le principe de détermination. On peut évidemment réduire la difficulté en faisant remarquer que l'expression est unique dans le corpus platonicien – ce qui obligerait à ne pas surdéterminer son sens. Mais d'autres expressions s'en rapprochent qui entendent souligner la transcendance tant épistémologique qu'ontologique du Bien : l'idée du Bien est plus belle que la science et la vérité même (ce qui est au-delà de la science et de la vérité) car elle en est la cause (*aitia*[1]) ; la science et la vérité sont semblables au Bien mais ne sont pas le Bien dont la nature (*hexis*) est plus haute et supérieure en dignité (*timèteos*). Le Bien dépasse finalement en majesté et en puissance l'essence. Si l'on reprend la dialectique du *Banquet*, on doit dire non seulement que la Forme du Beau est supérieure à la science du beau, mais encore que l'idée du Bien est supérieure à la Forme du Beau et à toutes les essences.

Pourtant reste cette difficulté : le Bien qui est au-delà de l'essence est une idée (*idea*) – ce que le passage répète par trois fois[2]. Par ailleurs, le Bien est présenté comme le suprême objet d'étude, le suprême connaissable (*megiston mathèma*[3]). Or comment le Bien peut-il ne pas être une essence (*eidos*) tout en étant une idée (*idea*), comment peut-il être une idée sans être une essence – ce qui obligerait, contre de nombreux textes, à dissocier *ousia*, *eidos* et

1. *Ibid.*, 508 e-509.
2. *Ibid.*, 508e1, 517b9, 534c1.
3. *Ibid.*, VI, 504d2-3, e4-5, 505a2-3, 534e4.

idea[1] ? Et comment peut-il être connaissable s'il n'est pas une essence puisque connaître c'est saisir l'essence ?

La difficulté est telle qu'on est évidemment tenté de marginaliser le passage, puisque, par ailleurs, au livre VII notamment, le Bien est constamment présenté comme un étant. Il est ce qu'il y a de plus lumineux, de plus heureux, de plus excellent. Aussi la réplique de Glaucon sur la transcendance du Bien serait un trait d'ironie : l'*hyperbolè* qui signifie en grec aussi bien une supériorité qu'un excès ne viendrait pas souligner la transcendance du principe mais l'exagération de la méthode ou de la présentation du Bien : ce serait une image pour exprimer la puissance du Bien et non une affirmation ontologique sur sa nature.

On peut encore insister sur la différence entre *eidos* et *idea*. Le terme d'*eidos* s'appliquerait aux essences, le terme d'*idea* seulement au Bien – de fait si *eidos* s'emploie au pluriel (*eidè*), *idea* est toujours au singulier et cet usage serait réservé à la transcendance du principe. L'idée du Bien pourrait désigner la cause de toute essence antérieurement à toute forme désignée. L'*idea* est cause et puissance tandis que l'essence est forme ou structure : la première est l'acte de poser l'essence tandis que l'essence est ce qui est posé par cet acte.

Enfin et surtout, l'interprétation ontologique de la transcendance du Bien entre en contradiction avec une autre dimension du texte, constamment réaffirmée concernant le statut de la dialectique, c'est-à-dire la théorie de la connaissance.

---

1. La géométrie force l'âme à considérer les essences et prépare à la contemplation du Bien. La dialectique est présentée comme la recherche de ce qu'est (*o estin*) le Bien (VII, 522b1). Or ce qu'est une chose est son essence et correspond à son idée (507b6-8).

À partir de là, trois questions principales peuvent être posées qui relèvent toutes de l'histoire de la philosophie, mais pas au même titre. La première est en quelque sorte doxographique (l'interprétation de la question du principe au sein du platonisme), tandis que les deux autres envisagent le principe comme posant la question du sens d'une métaphysique du Bien définie comme au-delà de l'essence (la métaphysique du bien dans l'histoire de la philosophie).

La lecture ontologique de ce passage de la *République* est-elle nécessaire et tout à fait convaincante, et peut-on considérer que la question du principe définit la philosophie platonicienne ? Cette lecture « ontologique » du livre VI, même si elle a reçu au cours de l'histoire ses plus hautes lettres de noblesse (néo-platonisme), a été contestée par plusieurs commentateurs, notamment par M. Dixsaut dans *Le naturel philosophe*. Une lecture plus attentive du texte suggère une interprétation épistémologique du principe et une interprétation dialectique du Bien. Que signifie de nommer le principe plutôt Bien qu'être ? Une métaphysique, c'est-à-dire une philosophie du principe, qui nomme le principe du maître mot de l'éthique équivaut-elle à une métaphysique qui identifie l'être et le principe[1] ? Autrement dit, la métaphysique du Bien ne dessine-t-elle pas le paradigme d'une métaphysique sans ontologie, en dehors de l'onto-théologie, voire une théologie sans l'être[2] ? Ensuite, toute pensée du principe est-elle nécessairement une métaphysique de ce qui est au-delà de l'essence ? Il y a une réponse obvie à cette question qui consiste à écarter tout simplement la voie métaphysique d'une pensée du principe. Une pensée du principe est une pensée non méta-

1. *Cf.* infra, p. 77-80.
2. *Cf.* infra, p. 108-109.

physique, et cette pensée du principe fait fond sur le sens fonctionnel, et épistémologique du principe. Mais une métaphysique du principe qui ne soit pas une métaphysique de l'au-delà des êtres et des essences est-elle possible ?

Pour la première interrogation, force est de constater que jamais le Bien n'est nommément identifié au principe anhypothétique. Celui-ci est évoqué en opposition aux principes hypothétiques des mathématiques : l'âme ne saurait atteindre un principe véritable, c'est-à-dire non conditionné, dans la première section de l'intelligible. Donc c'est indirectement qu'on établit le rapport entre le Bien et le principe anhypothétique[1]. Ensuite comment le Bien pourrait-il être à la fois le sommet de l'intelligible, l'objet ultime de la recherche dialectique et ce qui rend possible la dialectique et les essences ? Le Bien est soit l'objet de la recherche soit son point de départ, mais on ne peut soutenir qu'il est l'un et l'autre, sans tomber dans une pétition de principe. Autre difficulté : si c'est par le Bien que les essences reçoivent leur être et leur forme, n'est-on pas conduit à conclure que, selon l'analogie avec le soleil, il les engendre ? Mais les idées sont par définitions éternelles et inengendrées. Enfin si le Bien est au-delà de l'essence, peut-il en même temps rester le *megiston matheta* de la dialectique ? Si le Bien n'est pas une essence comment est-il connaissable ? Les futurs gouvernants doivent avoir pu contempler et saisir en son essence le Bien pour exercer un gouvernement juste, la justice étant un rejeton du Bien. Donc en résumé, l'interprétation ontologique introduit des incohérences : ou bien sur le statut du Bien – est-il point de départ ou point d'arrivée, origine ou but de la dialec-tique ? ; ou bien sur le statut de formes – son action sur

1. Ou par d'autres passages comme 518c4-d1 ou 526d7-e6.

celles-ci les rend problématiques. C'est pourquoi si l'on veut une interprétation plus satisfaisante, il faut abandonner les thèses de l'interprétation ontologique.

Que peut être la transcendance du Bien si elle n'est pas de nature ontologique? Comment interpréter l'« au-delà de l'essence » de manière non-ontologique? Il faut d'abord repartir du débat sur le plaisir qui précède et conditionne l'argumentation de Platon. Pour Socrate, le plaisir ne peut être le Bien – pas plus que la pensée : ce qui est bon n'est pas le Bien. À propos du Bien, nul ne peut se satisfaire de ce qui est apparent. Or c'est par rapport à cette distinction entre être et apparence qu'il faut comprendre la transcendance du Bien : il est ce qui rend manifeste la différence entre être et apparence. Par cette fonction discriminante qui éclaire l'essence, il doit être dit « au-delà » (*epeikeina*) de celle-ci. Le Bien est transcendant par rapport aux représentations du plaisir (bien-plaisir, bien-pensée) et sa transcendance n'est pas la position hyperbolique d'une réalité (suressentielle) mais la fonction diacritique interne au mouvement de la dialectique. Autrement dit, il faut se refuser à hypostasier le Bien (un être au-delà des essences), tout en reconnaissant en lui une idée. En tant qu'idée, le Bien est connaissable (il est une essence connaissable), mais en tant que cette idée a le privilège de distinguer l'être et l'apparence, elle est d'une autre nature (au-delà de l'essence). Le privilège de l'idée du Bien est donc exclusivement dialectique : c'est la seule idée qui, quand on cherche à la connaître, fait connaître la distinction entre l'être et l'apparence et qui manifeste pour elle-même cette distinction. Le Bien n'est pas comme un « être » au-dessus des essences, extérieur à elles, mais ce qui est interne au travail dialectique de distinction entre elles. L'idée du Bien en ayant ce pouvoir (*dunamis*) de rendre pleinement évidente la distinction des formes, c'est-à-dire en étant la cause de leur distinction, est dialectiquement (c'est-à-dire non ontologiquement) supérieure. En montrant chaque essence en tant qu'essence, elle montre l'essence comme différente de l'apparence[1]. Donc le Bien est une idée (elle est connaissable, par la dialectique) mais c'est une idée supérieure aux autres parce qu'elle a le privilège de manifester la clarté des idées, leur différence avec les apparences. Autrement dit, ici le Bien n'est pas l'objet (transcendant) de la connaissance dialectique, mais son fondement, ce qui rend cette recherche possible. Ainsi, d'une part la transcendance du Bien est dialectique et non ontologique. D'autre part, le Bien n'est pas le principe anhypothétique. Le Bien n'est pas l'objet de la dialectique mais ce qui la rend possible. Autrement dit, le principe anhypothétique qui est la fin de la dialectique n'est pas le Bien. La dialectique est la vraie science parce qu'elle dépasse ses hypothèses de départ en surmontant leur caractère conditionnel pour les fonder dans une proposition qui ne dépend d'aucune condition. La connaissance dialectique se distingue de la connaissance dianoétique (mathématique) qui raisonne à partir d'images sans remettre en cause ses hypothèses de départ. Celle-là n'utilise pas d'images et remonte à un principe au lieu de démontrer à partir d'hypothèses sans en rendre compte.

Dans ces conditions, le pouvoir du Bien, conformément à l'analogie, n'est pas de donner l'être aux essences (c'est le second point de l'interprétation ontologique), mais de donner la vérité (*alètheia*), c'est-à-dire de dévoiler les formes pour ce qu'elles sont, de permettre à l'intellect d'actualiser sa puissance de connaître, exactement comme

_____

1. *Cf.* M. Dixsaut, *Le naturel philosophe*, Paris, Vrin, 2016, p. 436.

le soleil éclaire les choses sensibles et rend l'œil capable de la vision. Il faut interpréter de manière strictement épistémologique l'expression « donner l'être » : le Bien donne l'être vrai aux essences, les révèle dans leur vérité intelligible – et si Platon parle d'un « don » de l'être, c'est en raison de l'imperfection propre à toute analogie. Le Bien fait être l'essence pour la connaissance dialectique. En aucun cas, il ne faudrait comprendre l'action du bien comme un engendrement, une causalité, un principe générateur. Dès lors l'exigence de l'*archè* ne correspond pas à la recherche d'une mise en ordre de l'ensemble du monde à partir d'un principe premier, mais à l'effort de donner un fondement à la connaissance dialectique. L'erreur c'est ici de séparer la question du principe de la méthode dialectique – puisque cela conduit à hypostasier ce qui n'est que le principe de la connaissance. L'analogie n'est pas à quatre termes (Bien / soleil ; intelligible /sensible) mais à huit : soleil/choses sensibles =Bien / essences =soleil / lumière (qui rend visibles les sensibles, voyante la vision) = Bien / vérité (qui rend intelligibles les essences, et intelligente l'âme). Dans ces conditions, le don de l'être et de l'essence doit se comprendre à partir de l'analogie, non comme la génération de l'être et de l'essence mais comme la manifestation des essences en tant qu'essences et comme l'actualisation de la capacité cognitive de l'âme. Ou plutôt, il ne faut pas croire que le Bien soit comme le soleil, principe générateur : il n'engendre pas les essences comme la lumière du soleil fait croître les êtres sensibles, mais fait voir les essences : la lumière du Bien n'est pas nourricière, elle n'est que lumière qui rend intelligible. Le Bien est-il alors inconnaissable ? Platon précise simplement[1] qu'il

---

1. Platon, *République*, VI, 505a4-6, *op. cit.*

est pour l'instant insuffisamment connu – ce qu'il laisse supposer qu'une enquête dialectique à son sujet est en droit possible. Ici il se contente de la voie courte de l'analogie. Celle-ci ne dit pas le Bien mais quelque chose du Bien, ne détermine pas son essence mais sa puissance, c'est-à-dire son rapport à autre chose que soi. La survalorisation du Bien se fait en termes de puissance, donc de relation, et c'est pourquoi il est aventureux d'en tirer des conclusions ontologiques : la transcendance (*hyperbole*) indique un excès dans la méthode, un excès de l'image par l'analogie, et non une transcendance ontologique. L'analogie dit plus ou trop par rapport à ce qu'il y a à penser.

Si la causalité du Bien ne peut se penser sur le mode de la génération, ne peut-on pas la penser comme participation ? Si le Bien doit rester le principe, il faut le situer au-dessus des genres de l'être, tout en donnant l'être à la totalité des formes. Mais alors le Bien ferait participer les autres formes à l'être dont il est cause. Toutefois jamais, là encore, Platon n'insiste sur l'implication du Bien dans la participation des formes à l'être. En outre, que le principe soit le Bien l'empêche d'être l'être universellement participé : il est un être, une essence. Inversement en faire l'être universellement participé, c'est ne pas reconnaître en lui le Bien.

La difficulté principale liée au principe concerne donc la notion de participation. Cette notion centrale dans la métaphysique platonicienne concentre tous les problèmes d'une métaphysique des principes. La difficulté a une portée générale pour la métaphysique du principe. Platon parle de *methexis* pour penser la relation de dépendance des intelligibles à l'égard du Bien et des sensibles à l'égard des intelligibles. Mais la nature ou la raison de cette relation demeure obscure. Il faudrait admettre que le Bien est la cause de la participation, puisqu'il dispense sinon l'être du moins l'intelligibilité des essences en tant qu'essences. Mais comment se représenter cette causalité ? Elle doit être motrice comme le suppose Aristote, sinon le Bien consiste seulement dans une cause formelle, c'est-à-dire qu'elle est une forme parmi les autres, ce qui nuit à sa transcendance. Pourtant jamais Platon ne présente de cette façon la relation de participation. On ne peut pas non plus envisager la participation de manière immanente, comme si les formes étaient contenues dans les choses, au moins en puissance (ce qui est le point de vue d'Aristote), car elles perdraient dans le sensible leur nature et leur identité ontologiques (c'est la première aporie du *Parménide*). La notion de participation essaie de rendre intelligible la double fonction que doit remplir le principe : être détaché du principié mais relié à lui. La participation est nécessaire sans que cette nécessité soit explicitée.

Ainsi, une double conclusion s'impose. D'une part, les difficultés sur la participation révèlent les ambiguïtés de la philosophie platonicienne sur le principe. Mais ces difficultés sont peut-être les difficultés de toute métaphysique du principe – ce qui fait que la spéculation métaphysique sur le principe est invariablement aporétique. La métaphysique pose la nécessité d'un Principe, affirme la nécessité de sa transcendance, mais elle ne paraît pas capable de préciser la nature spécifique de la relation du principié au principe. La science première consiste à poser un terme supérieur à tous les autres, mais ne transforme pas cette position en une connaissance de la subordination entre le principe et ce qui en dépend. C'est la conclusion générale que l'on peut tirer de l'examen du principe à partir de la *République*. D'autre part, et de manière opposée, il

ressort de ces difficultés qu'il n'y a justement pas de philosophie (ou de métaphysique) du principe chez Platon. Il
est sans doute excessif d'envisager une théorie platonicienne
des principes. Platon est le premier à problématiser l'exigence de l'*archè* (la connaissance n'est possible qu'à partir
de principes et la connaissance des principes fonde en
raison la connaissance : autrement dit, il problématise
l'idée de principes premiers ou de connaissance première).
Mais précisément l'exigence des principes est maintenue
comme une exigence qui ne se réfléchit pas dans une théorie
unifiée des principes. Selon le contexte, ce ne sont pas les
mêmes entités qui remplissent la fonction de principes
(l'âme, le modèle et le démiurge, les Formes, le Bien). La
référence au principe se fait toujours dans un contexte
théorique propre : comme auxiliaire dans le *Phédon* à une
preuve de l'immortalité de l'âme, comme élément d'une
cosmologie dans le *Timée*, comme condition de possibilité
de la science et de la dialectique dans la *République*. Il y
a sans doute une exigence de principes premiers chez
Platon, mais elle ne se traduit pas par une théorie des
principes ou par la remontée vers un terme absolument
premier. Des principes sans un Principe ?

LE PRINCIPE AN-ARCHIQUE

Peut-on faire comme si la nomination du principe par le terme de Bien était indifférente[1] ? Dire que le principe est le Bien et que le principe est au-delà de l'essence souligne que l'être n'est pas le principe, que ce n'est pas dans le prolongement du questionnement ontologique que l'on peut saisir le principe ultime. Il serait ainsi essentiel que la transcendance du principe soit située au-delà de l'être et que cette transcendance soit désignée comme bien. Autrement dit, la transcendance du principe est accomplie par l'écart ou par la différence à l'égard de l'être. Le principe n'est pas l'être (en tant qu'il n'est pas l'étant), mais le bien en tant qu'il est étranger à l'être et à l'étant (la différence à la différence ontologique elle-même). C'est Levinas qui a tiré cette leçon du platonisme, ou qui a cherché dans la formule de la *République* une pensée de la transcendance que la métaphysique, guidée par le questionnement ontologique, s'est ingéniée à oublier. Le bien est l'autre de l'être ou l'« autrement qu'être ». Il s'agit d'envisager qu'il y a quelque chose de plus haut que l'étant, que l'être ou l'essence de l'étant : le privilège ontologique de l'essence est surmonté par la primauté éthique du bien.

Pour Levinas, l'hyperbole du Bien en tant qu'il diffère de l'être se révèle dans l'altérité d'autrui : la transcendance

---

1. Si l'on maintient l'interprétation ontologique de *République*, VI.

du principe, c'est l'altérité éthique d'autrui : « l'humain s'accuse par la transcendance – ou l'hyperbole –, c'est-à-dire le désintéressement de l'essence, hyperbole où elle éclate et tombe vers le haut, en l'humain »[1]. Tomber vers le haut, cela exprime la transcendance éthique, le fait d'être saisi par la hauteur du visage d'autrui. L'éthique (la responsabilité qu'impose la présence d'autrui, l'assignation du visage d'autrui au souci du bien) ne couronne pas l'ontologie (le bien radicaliserait alors l'enquête sur l'essence) mais renverse l'ontologie : elle n'est pas un enracinement dans l'être mais une sortie hors de l'être, vers le Bien. L'apparition d'autrui arrache le sujet au régime de l'identité à soi : autrui est un événement qui empêche le sujet d'être la mesure de toutes choses, de refermer l'exisence sur la connaissance de l'être. Autrement dit, autrui est par lui-même *an-archie*. Le principe ici envisagée de manière éthique, paradoxalement, se donne anarchiquement, sur le mode de l'hétéronomie radicale : autrui (ou le bien) est le principe en tant qu'il rend impossible à jamais l'autonomie, l'immanence et, pour tout dire, l'athéisme qu'a poursuivi la philosophie occidentale, à quelques exceptions notables près – la transcendance affleure à travers le Bien (Platon) ou l'Un au-delà de l'être (Plotin), à travers l'idée d'infini en moi (Descartes) ou avec le fait de la raison pratique (Kant) : « Nous pensons suivre une tradition au moins aussi antique... Contre les heidegeriens et les néo-hégéliens pour qui la philosophie commence par l'athéisme, il faut dire que la tradition de l'Autre n'est pas nécessairement religieuse, qu'elle est philosophique. Platon se tient en elle quand il met le Bien au-dessus de l'être »[2].

---

1. E. Levinas, *Autrement qu'être ou au-delà de l'essence*, La Haye, Martinus Nijhoff, 1978, p. 281.

2. E. Levinas, *En découvrant l'existence avec Husserl et Heidegger*, Paris, Vrin, 1974, p. 171.

C'est en ce sens qu'on peut dire que l'éthique est la métaphysique même, en tant que la transcendance de la *méta*physique est assumée par l'*au-delà* de l'essence et que cet au-delà se nomme le Bien. La métaphysique ce n'est pas l'ontologie mais ce qui en diffère, c'est-à-dire l'éthique (qui est métaphysique du Bien). On peut même aller plus loin dans la déconstruction éthique de l'ontologie en considérant, contre l'onto-théologie constitutive selon Heidegger de la métaphysique, que Dieu loin de se donner comme l'être pur dans son actualité informelle d'être (être sans l'essence d'une forme) se donne comme l'Autre ou à travers le visage de l'autre. Là où Ulysse revient toujours au même, là où la raison occidentale ne parle de l'être et de l'étant que dans la dimension de l'identité, Abraham quitte sa terre sous l'appel de l'autre et pour le tout Autre. Levinas tente ainsi de conjoindre le Bien de la *République* avec l'altérité hébraïque [1], le Bien qui surpasse l'essence et le Dieu qui rend étranger au monde. Le principe est la condition d'une errance sur terre : la fidélité à la transcendance détourne de la loi d'immanence où se déploie l'essence de la pensée théorique car penser ou connaître revient toujours à s'assimiler l'objet, à réduire l'inconnu au connu, sans jamais rencontrer une authentique altérité. Ici le principe n'est pas à connaître, ou ce qu'il faut connaître pour rendre raison des choses et des idées des choses, mais ce qu'il faut reconnaître comme ce qui dépasse l'ordre même du savoir, comme ce qui perturbe la corrélation entre la conscience (*cogito*) et l'objet (*cogitatum*) Le principe met en déroute la quête du savoir, qu'il prenne la forme de la science (connaissance positive des étants) ou

---

1. « L'invisible de la Bible est l'idée du Bien au-delà de l'être » (E. Levinas, *Humanisme de l'autre homme*, Paris, Fata Morgana, 1972, p. 78).

de la métaphysique (spéciale ou générale). Le principe n'est pas la transcendance dans l'ordre du savoir mais l'écart originaire par rapport au savoir, c'est-à-dire l'éthique. C'est finalement l'éthique qui enseigne la vraie sagesse que cherche la philosophie, et

> si cette sagesse aimée et attendue des philosophes n'était pas, par-delà la sagesse du connaître la sagesse de l'amour ou la sagesse en guise d'amour. Philosophie comme amour de l'amour. Sagesse qu'enseigne le visage de l'autre homme ! N'a-t-elle pas été annoncée par le Bien d'au-delà de l'essence et de l'au-dessus des Idées du livre VI de la *République* de Platon ? Bien, par rapport auquel apparaît l'être lui-même. Bien, dont l'être tient l'éclairage de sa manifestation et sa force ontologique. Bien, en vue duquel « toute âme fait ce qu'elle fait »[1].

Le bien est principe en tant qu'il s'impose comme un ordre extérieur, inassimilable aux possibilités de la conscience. Le Bien est principe an-archique :

> Être obligé à la responsabilité, cela n'a pas de commencement. Non pas au sens d'une perpétuité quelconque ou d'une perpétuité qui se prétendrait éternité … mais au sens d'une inconvertibilité en présent assumable. Notion qui n'est pas purement négative. C'est la responsabilité débordant la liberté, c'est-à-dire la responsabilité pour les autres. Elle est trace d'un passé qui se refuse au présent et à la représentation, trace d'un passé immémorial[2].

L'au-delà de l'être du Bien c'est la passivité du sujet à l'égard de la réquisition du Bien. Le sujet est saisi par l'exigence éthique qu'il ne choisit pas. La responsabilité

---

1. Platon, *République*, VI, 505e, cité par Levinas, « Totalité et infini », Préface à l'édition allemande, *Entre nous, Paris*, Le Livre de poche, 1991, p. 234.
2. E. Levinas, *Humanisme de l'autre homme, op. cit.*

est plus ancienne que sa liberté. Elle précède le choix, la volonté, le savoir. La responsabilité éthique est au-delà de l'être et de l'étant :

> À partir de la responsabilité toujours plus ancienne que le conatus de la substance, plus ancienne que le commencement et le principe, à partir de l'an-archique, le moi revenu à soi, responsable d'Autrui – c'est-à-dire otage de tous – c'est-à-dire substitué à tous de par sa non-interchangeabilité même – otage de tous les autres qui précisément autres n'appartiennent pas au même genre que le moi puisque je suis responsable d'eux sans me soucier de leur responsabilité à mon égard car, même d'elle, je suis, en fin de compte et dès l'abord responsable, – le moi, moi je suis homme supportant l'univers, « plein de toutes choses ». Responsabilité ou dire antérieur à l'être et à l'étant, ne se disant pas en des catégories ontologiques[1].

L'« an-archique » est le principe. Ou le principe éthique est au-delà de l'être ou de l'essence, commande non une connaissance mais une responsabilité : un commandement sans commencement, au-delà de la différence ordinaire entre les principes théoriques et les principes pratiques.

1. *Ibid.* p. 82.

LA TRANSCENDANCE DE L'UN

Peut-être l'interprétation ontologique du livre VI de la *République* est-elle textuellement délicate. Elle a pourtant donné lieu à une des plus puissantes métaphysiques de l'histoire, voire un de ses sommets, après Platon et Aristote qui ont considéré que la voie naturelle de la pensée vers la sagesse était de remonter à un principe (Forme, Bien, être en tant qu'être, premier moteur immobile)

> comme à son terme dernier, ultime pour elle, mais premier dans l'ordre des êtres. Platon et Aristote … ont inventé le vocabulaire de la métaphysique. Ils ont défini son objet (l'*archè*, le *prôton*, l'*eidos*, le Bien suprême, l'être en tant qu'être) mesuré son envergure en parlant de sa visée universelle (*katholou*), ils ont suivi son élan fondamenal (l'*épekeina*, l'*hypothesis*, le *meta*) et découvert tout le royaume qui est celui de la pensée (la raison, l'acte pur, la pensée qui se pense)[1].

La philosophie de Plotin est sans doute le troisième sommet de cette « métaphysique antique ». La pensée néoplatonicienne du principe[2] est métaphysique, si on

---

1. J. Grondin, *Introduction à la métaphysique*, Presses de l'Université de Montréal, 2007, p. 115.
2. *Cf.* B. Mabille, « Philosophie première et pensée principielle », dans B. Mabille (dir.), *Le principe*, Paris, Vrin, 2006 ; et S. Roux, *La recherche du principe chez Platon, Aristote et Plotin*, *op. cit.*

entend par là l'effort pour construire une intelligibilité consistante et systématique de la totalité du réel à partir de (ses) principes – ce qui passe chez Plotin par une architecture à plusieurs niveaux, improprement nommés « hypostases »[1]. Elle est même radicalement métaphysique puisqu'elle déclare le principe au-delà de l'essence (*ousia*) et du *logos* : la philosophie de l'Un (hénologie) est une méontologie. L'*epekeina* du principe signifie qu'il n'appartient pas à l'ordre de l'étant (*on*) : le principe est non-étant (*mè on*). Et cette thèse qui le soustrait à l'essence et à l'être n'est pas une privation, une imperfection, mais au contraire ce qui seul peut assurer sa transcendance de principe pour le soustraire absolument à la dégradation et l'homogénéisation par le principié. Pour sauver la transcendance du principe, il faut aller jusqu'à dire qu'il n'est pas.

Le néoplatonisme mérite toute notre attention parce qu'on peut y repérer les lignes fondamentales d'une pensée du principe – et aussi les principales contradictions de toute métaphysique du principe. On présente souvent le néoplatonisme comme un tournant (et même une refondation) dans l'histoire de la métaphysique. La thèse ici sera que la « métaphysique » hénologique (de Plotin) n'est pas une métaphysique du principe mais la métaphysique pensée à partir de l'exigence radicalisée du principe, de sorte que tous les problèmes métaphysiques sur le principe s'y trouvent rassemblés[2].

---

1. Le terme semble avoir été inventé par Porphyre pour résumer la doctrine de Plotin.

2. Le plotinisme est-il une métaphysique ? Assurément en tant que science des premières causes et des premiers principes, mais non pas en tant qu'ontologie (*cf.* P. Aubenque, *Faut-il déconstruire la métaphysique ?*, Paris, P.U.F., 2009, p. 34).

La métaphysique pose la nécessité d'un principe premier (selon une expression qui n'est qu'apparemment pléonastique) et la nécessité de dégager le principe du principié. Par exemple, Aristote explique[1] que le premier moteur, principe de tout mouvement dans le monde, ne peut être lui-même mobile : le principe du mouvement ne peut être en mouvement – ce qui oblige à considérer qu'il est cause du mouvement non pas comme cause efficiente (ce qui le condamnerait à être comme son principié lui-même en mouvement) mais comme cause finale : le monde aspire à l'éternité et à la pure actualité du principe : les mouvements du monde sont des imitations de ce dont le principe est la perfection[2]. Le mouvement, en tant que tel, est toujours puissance ou acte de ce qui est en puissance en tant que cela est en puissance, et trouve sa fin dans le repos où l'être mobile atteint sa perfection. L'être en mouvement est un être en puissance, avec ce que la puissance enveloppe d'indétermination. Par définition l'être en mouvement ne peut ni commencer ni commander, car il est quelque part entre la puissance pure et l'acte pur, ayant le statut ambivalent de ce qui n'est pas tout à fait ce qu'il est (ou qui est partiellement ce qu'il n'est pas encore complètement). Donc le principe du mouvement doit être immobile en étant parfaitement identique à soi, donc absolument déterminé.

Chez Plotin cette logique de la différence du principe est approfondie puisque le principe, suivant la proposition

1. Aristote, *Métaphysique*, L, 6-7, *op. cit.*

2. La physique moderne (Galilée-Descartes) renverse l'aristotélisme : ce qui est à expliquer n'est pas le mouvement mais le changement d'état de mouvement ou de repos. Le mouvement inertiel n'a pas besoin de cause. « Le concept de changement du mouvement, et non le mouvement lui-même, constitue désormais le véritable événement physique » (E. Yakira, *La causalité de Galilée à Kant*, Paris, P.U.F., 1994, p. 15).

platonicienne de la *République*, n'est pas un étant, fusse-t-il un étant supérieur à toute chose ou l'étant originaire avant toute chose. Le principe est au-delà non seulement de l'étant mais aussi du *logos* (*epeikeina tês ousias kai tou logou*). Le principe ni n'est, ni n'est rationnel : telle serait la pensée la plus haute et la seule digne du principe. Par cette thèse, Plotin marquerait un tournant dans la métaphysique du principe – notamment par rapport à Aristote.

Mais peut-être faut-il considérer que ce radicalisme constitue ce que toute métaphysique du principe contient en elle. La différence entre Aristote et Plotin est flagrante. Elle concerne principalement le statut de la puissance et de l'acte par rapport au principe. L'Un est dit *dunamis tôn pantôn* [1] tandis qu'Aristote associe le principe et l'acte, c'est-à-dire la perfection du principe à la pureté de son actualité. Le principe ne peut être ni un mouvement éternel, ni un premier mouvement, mais la pure et simple immobilité qui n'est elle-même possible qu'à ce qui est purement acte. Si un être en puissance ne peut être cause du mouvement, « il faut donc qu'il existe un principe (*archè*) tel que son essence même soit acte (*ousia energeia*) » [2]. C'est le même raisonnement que suit Aristote (en excluant la puissance), pour identifier le principe à la pensée et, plus précisément à la pensée qui se pense elle-même (*noèsis noèseôs*). Pour Aristote, le principe ne peut pas simplement être le suprême intelligible, mais aussi une substance qui pense. Ou plus exactement, il est le suprême intelligible en tant qu'il est un être qui pense. Au livre L de la *Métaphysique*, dans les chapitres 6-9, l'objectif poursuivi par Aristote est de lier constamment le principe et l'actualité, ce qui implique que

---

1. Plotin, Traité 30 (III, 8, 10), *Traités 30-37, op. cit.*
2. Aristote, *Métaphysique*, L, 6, 1071b17, *op. cit.*

le principe soit principe immobile du mouvement et qu'il soit Pensée et, plus précisément, Pensée de la pensée. Si le principe est le meilleur (*aristos*) ou le plus parfait, c'est en tant qu'il n'a en lui aucune puissance – donc qu'il n'est pas en mouvement, même perpétuel – et en tant qu'il pense. Dans la définition du principe par la pensée, c'est encore la notion d'acte qui est centrale : la pensée du principe ne se fait pas sur le mode discursif de la *dianoïa* (qui passe d'un objet à l'autre, d'une notion à l'autre) mais sur le mode intuitif de la *noèsis*. Le principe ne peut être acte qu'en tant qu'il pense son objet en l'intuitionnant directement. Mais cet objet qu'elle pense ne peut, sans supprimer la perfection du principe, qu'être elle-même et précisément elle-même comme acte intuitif de pensée, autrement dit *noèsis noèseôs*.

On peut se demander pourquoi le principe doit plutôt penser que le contraire, comme si seule la pensée donnait toute son excellence au principe. Aristote ne justifie jamais sa définition du principe (dieu) comme pensée. Il se contente de développer les conséquences d'un refus de cette définition, et surtout du refus de la définition de la pensée comme pensée de la pensée. Voici à peu près les questions auxquelles Aristote tente de répondre dans le 9 du livre L de la *Métaphysique*. Soit le principe pense, soit il ne pense pas. Mais le principe peut-il ne pas penser ? S'il pense, soit il pense autre chose, soit il se pense. S'il pense autre chose, soit il pense toujours la même chose ou jamais la même chose. Et s'il pense, la pensée est-elle une faculté (puissance) ou sa substance ?

Ainsi Aristote ne montre pas pourquoi le principe pense et doit penser, mais indirectement que ne pas penser serait pour lui une imperfection, et ce qu'il doit penser (c'est-à-dire lui-même) pour ne pas être imparfait. En effet, un principe

non pensant, est un principe sans excellence, sans supériorité, un principe léthargique, inactif. Ne pas penser serait
pour le principe une privation due à sa perfection de
principe. On pourrait justifier cette idée en disant que la
pensée est l'activité la plus haute, la forme la plus élevée
d'activité[1]. Ne pas penser serait donc manquer de la plus
parfaite activité, et donc être imparfait.

Mais si elle pense quelque chose, quel doit être son
objet pour conserver perfection de principe ? Si elle est
une faculté, il faut supposer une différence interne entre
ce qu'il est (*ousia*) et la pensée, et donc qu'il n'est pas
lui-même pensée. Mais si seule la pensée donne son
excellence au principe, celle-ci doit constituer sa substance
même : le principe consiste dans l'activité de penser. La
perfection ici implique l'unité substantielle. La pensée ne
peut sans contradiction être le facteur d'excellence du
principe et ce qui engendre en lui une scission. Donc le
principe exerce substantiellement la pensée. Il faut ajouter
un autre argument : si la pensée était pour le principe une
faculté, il faudrait que le principe actualise cette faculté,
ce qui exigerait de lui un effort pénible et fatigant : le
principe ressemblerait alors à l'homme pour lequel la
pensée est l'activité la plus haute, mais qu'il ne peut exercer
de manière continue sans devoir l'interrompre[2]. Si donc
la pensée doit être une activité continue, il faut qu'elle ne
soit pas une faculté mais l'essence ou la substance du
principe.

Mais si le principe est pensée, que doit-elle prendre
pour objet pour conserver sa perfection ? Il n'y a que deux
possibilités : soit le principe pense un autre que soi (soit

---

1. *Cf.* Aristote, *Éthique à Nicomaque*, X, 7-9, Paris, Vrin, 1979.
2. *Ibid.*, X, 7.

toujours le même, soit toujours différent), soit le principe se pense soi-même. Il est facile de comprendre que si le principe change constamment d'objets (le principe comme pensée du multiple), il s'abaisse à ce qui lui est inférieur, qu'il est entraîné par eux au changement (le principe est modifié par son objet) – ce qui est contradictoire avec la nature du principe d'être principe immobile du mouvement. Donc l'objet de la pensée du principe ne peut être qu'unique et toujours identique. Or seule la pensée est un objet possédant pour la pensée, la même dignité, la même identité, la même permanence : le principe est donc pensée de la pensée. Ce nouvel argument rejoint le précédent : si la pensée est pour le principe une simple faculté, elle est séparée de ses objets et en quelque sorte inférieure à eux : l'intelligence serait distincte de l'intelligible. Donc il est nécessaire de supposer que la pensée et l'intelligible sont identiques, c'est-à-dire que le principe est pensée de la pensée : la pensée ne peut exercer sa perfection que sur un objet parfait. Or il n'y a rien de meilleur que le principe lui-même. Donc le principe se pense lui-même, et puisque ce qu'il pense est parfait, immobile, éternel, il exerce constamment, éternellement l'activité de la pensée. Ainsi, la pensée qu'est le principe, mettant à distance d'elle toute puissance[1] et toute différenciation, ne peut consister que dans la perfection de son acte, c'est-à-dire être pensée de l'acte de penser : ce qu'elle pense, c'est ce qu'elle est ; ce qu'elle est, c'est penser.

Cependant, pour Plotin, même la supériorité de la pensée de soi sur la pensée d'autre chose est insuffisante et inadéquate à la perfection transcendante du principe. Pour penser, il faut un intellect et un intelligible et même

1. Aristote, *Métaphysique*, L, chap. VII, *op. cit.*

si l'intelligible en question est l'intellect lui-même dans son acte de penser, la pensée de la pensée n'est déjà plus unité absolue mais unité divisée ou unité de la dualité. Le principe ne peut penser sans recevoir une détermination de la pensée et donc sans accueillir en lui du multiple. Le 49e traité peut ainsi déclarer que le Principe ne pense pas, car s'il pensait il ne serait pas au-delà et donc serait non premier.

Aussi contre Aristote, Plotin réévalue-t-il la notion de puissance. Paradoxalement, la notion d'acte menace la perfection du principe, en réintroduisant une détermination et, avec elle, une tension inconciliable avec sa « principialité » :

> Puisqu'il est au-delà de l'étance (*ousia*), il est au-delà de l'acte, au-delà de la pensée [1].

Le principe est puissance et non pas acte, à condition d'entendre par-là non la potentialité, mais la puissance productrice.

Et c'est encore contre Aristote qu'il le caractérise comme infini (*apeiron, aoriston*). De même qu'il n'est pas un être ou un étant mais un non étant, de même le principe est in-défini. Et de même aussi qu'il n'est pas un étant non par déficience mais par excès – un « non étant hyperétant » (*mè on hyperon*) dira Porphyre –, de même il est au-delà de toute détermination parce qu'il est le fondement de toutes les déterminations : il est infini comme puissance surabondante de toute détermination ultérieure.

> Il est nécessaire que l'Un soit sans forme (*aneideon*). Étant sans forme, il n'est pas étance (*ousia*). Car l'étance

---

1. Plotin, Traité 54, (I, 7, 1), *Traités 51-54*, Paris, GF-Flammarion, 2010.

doit être quelque chose (*tode ti*) donc un déterminé (*hôrisménon*). Or, il n'est pas possible de saisir l'Un comme quelque chose car il ne serait plus principe[1].

Plotin prend ici à rebours le primat de la limite si prégnant dans la pensée grecque[2] : le *peras* n'accomplit pas la « principialité » du principe mais la menace.

> [La nature de l'Un] n'est donc ni quelque chose, ni qualité, ni quantité [...] n'est ni dans le lieu ni dans le temps, elle est sans forme puisqu'elle est avant toute forme [...] car ces choses sont relatives à un étant[3].

Le principe n'a aucune des déterminations de l'étant (les catégories) parce qu'il n'en est pas un. Les déterminations ontiques ou ontologiques sont niées du principe. La thèse est évidemment radicale, anti-ontologique ou situant l'ontologie au second plan dans l'ordre de la principialité. À titre de comparaison, même quand Descartes insiste sur la transcendance du principe divin comme dans les *Secondes réponses aux objections*, il place peut-être celui-ci au-dessus de la raison (encore qu'en tant que *causa sui* il soit réquisitionné par le principe de raison) mais non pas au-delà de l'étant (Dieu est substance infinie). L'alternative serait donc la suivante : ou bien le principe est mais alors il est posé (être c'est être posé dans l'être), ce qui le relativise, ou il est au-delà de l'étant, c'est-à-dire

---

1. Plotin, Traité 32, (V, 5, 6), *Traités 30-37*, *op. cit.*
2. « Ce en dehors de quoi il y a toujours quelque chose voilà l'infini. (...) Entier et achevé sont absolument de même nature ou à très peu près. Mais rien n'est achevé s'il n'est terminé ; or, le terme est limite » (Aristote, *Physique*, III, 6, 207a7-15).
3. Plotin, Traité 9 (VI, 9, 3), *Traités 7-21*, Paris, GF-Flammarion, 2003, p. 81.

au-delà de toute position pour pouvoir commander et commencer.

La thèse fondamentale de Plotin est dirigée contre l'ontologie :

> C'est l'Un qui est premier ; l'étant n'est pas ce qu'il y a de premier, non plus que le *nous* et les Idées (*To men hen proton, ho de nous kai ta eide kai to on ou prota*) [1].

L'être et l'intelligibilité de l'être sont relégués au second plan. Qu'est-ce qui fait être les étants ? C'est l'Un. « C'est par l'Un que tous les étants ont l'être (*panta ta onta toi heni estin onta*) ». Il ne faut pas comprendre ici (à la manière de Leibniz) que l'unité est une condition nécessaire de l'être (un *être* est nécessairement *un* être) – ce que dit aussi Plotin : « Rien n'est étant qui ne soit pas un ». Plus radicalement, c'est par l'Un que les étants sont (des étants) : l'unité est la cause et la raison suffisante de l'étant. Et Plotin de donner de multiples exemples : ce qui fait l'être d'une armée, d'un chœur …, c'est leur unité. Mais tout ce qui est un est être, sauf l'Un lui-même. Car si l'Un était, d'où lui viendrait l'être ? En recevant l'être, il ne serait plus principe. Donc, sans céder à une forme de mysticisme mais au contraire en conséquence d'une analyse rigoureuse, il faut dire d'un côté que l'Un distinct de l'unité d'un étant est la condition de l'être ; que donc le principe c'est l'Un, ce qui revient à conclure que l'Un (en tant que principe) n'est pas et que c'est dans la mesure où il n'est pas qu'il est antérieur à l'être : « l'Un préexiste (*prehyparchei*) à l'être » [2]. Et selon la même logique, on dira que l'Un n'est pas un parce qu'il est source (principe) de toute unité. L'Un est principe (condition de l'être) : le principe est l'Un (il

---

1. Plotin, Traité 9 (VI, 9, 3), *Traités 7-21*, *op.cit.*
2. *Ibid.,* p. 84.

n'est pas et n'est pas un) [1]. Pourtant les deux énoncés : l'Un est le principe et le principe est l'Un, sont-ils parfaitement identiques ?

Pour Plotin, il va de soi que la philosophie est remontée vers un principe premier. Le problème est de savoir par quels moyens cette remontée est possible. La recherche du principe n'est pas toute la philosophie, mais toute la philosophie est « commandée » par cette recherche. Le principe (*archè*) est nommé l'Un, le Bien ou le Premier [2]. Il est toujours présenté comme différent de ce qui en dépend et comme absolument simple. Supériorité et simplicité sont les propriétés nécessaires du principe.

La simplicité ne fait pas difficulté. Ce qui est composé ne peut être premier et est engendré : ce qui est premier n'est pas composé et n'est pas engendré. Cela implique que le principe ne peut pas être matériel :

> Il faut en effet qu'il y ait quelque chose de simple avant toutes choses ; il faut aussi que cette chose soit différente de tout ce qui vient après elle, qu'elle existe par elle-même, qu'elle ne soit pas mélangée aux choses qui viennent d'elle, tout en possédant par ailleurs, d'une autre manière, la puissance de leur être présente. […] Aucun corps n'est simple, car « le principe est inengendré » [3].

1. Le principe n'est pas le premier étant mais le premier par rapport à l'étant. Il n'est pas être simplement premier dans la série des êtres mais premier et transcendant par rapport à la série même. Ainsi le *Nous* est-il produit par l'Un (1 [re] hypostase) : il est premier étant mais non principe car il est engendré. L'Intellect est le premier dérivé, non le Principe.

2. « Puisque ce que nous cherchons est un, et puisque c'est vers le principe de toutes choses que nous dirigeons notre regard, c'est-à-dire vers le Bien et le Premier… » (Plotin, Traité 9, (VI, 9, 3, 15), *Traités 7-21, op. cit.*

3. Plotin, Traité 7 (V, 4, 5-18), *Traités 7-21, op.cit.*

En revanche, c'est invariablement la supériorité ontologique qui fait problème. D'un côté cette supériorité ne peut être telle que le principe soit sans relation avec le principié. Plotin associe systématiquement (contre Aristote) le principe et la puissance. Le principe est tout-puissant. Le principe qui est un et le plus parfait ne peut rester en lui-même. S'il n'était pas cause de ce qui n'est pas lui, il ne serait pas principe :

> Si le Premier (*to prôton*) est parfait, qu'il est la plus parfaite de toutes les choses et qu'il est la première puissance, il doit être la chose la plus puissante de toutes celles qui existent, et les autres puissances doivent l'imiter autant qu'elles le peuvent. Or, dès que n'importe laquelle des autres choses atteint sa perfection, nous constatons qu'elle engendre, c'est-à-dire qu'elle produit une chose différente.[1]

Mais si le principe est l'Un, on peut plus difficilement dire, en sens inverse, que l'Un est principe. Qualifier l'Un de principe c'est lui donner un nom (même le plus abstrait) et l'appréhender non à partir de lui mais à partir de ses effets (supériorité, engendrement). Autrement dit, il y a peut-être comme une contradiction entre l'Un et la notion de principe. En un sens, l'Un est le principe ; en un autre, l'Un n'est pas principe – lui attribuer cette fonction c'est remettre en cause sa transcendance.

> Car dire que l'Un est une cause (*aition*), ce n'est pas lui donner un attribut à lui, mais plutôt à nous, car c'est nous qui détenons quelque chose qui vient de lui, tandis que lui, il reste en lui-même. Il ne faut pas dire ni « lui » ni

---

1. Plotin, Traité 7 (V, 4, 5-18), *Traités 7-21, op. cit.*, 25, 35-36, p. 20. Plotin ajoute : « Comment alors ce qui est le plus parfait, le bien premier, demeurerait-il en lui-même, comme s'il était avare de lui-même et comme s'il était dépourvu de puissance ? Et comment pourrait-il être dépourvu de puissance, alors qu'il est puissance de toutes ? Et comment pourrait-il être encore principe ? » (p. 21).

« est », pour parler avec exactitude. Mais c'est nous qui, en tournant, pour ainsi dire, autour de lui de l'extérieur, souhaitons exprimer ce que nous éprouvons lorsque nous nous approchons parfois de lui ou que parfois nous nous en éloignons à cause des apories qui surgissent à son propos[1].

Il y a manifestement une tension au sein de la pensée de Plotin. Il est platonicien en affirmant la transcendance du principe au-delà de l'essence. Il est aristotélicien en suggérant que le principe est cause au sens de la cause finale : il n'engendre pas ce qui dépend de lui, par besoin ou désir – ce qui introduirait fatalement en lui une activité contraire à son unité et à sa transcendance. Mais par les images qu'il utilise (le principe est aux choses comme le centre du cercle à l'égard des autres points, comme le soleil par rapport à la lumière), Plotin laisse entendre que cette dépendance des choses à l'égard des principes est une sorte de procession (donc pas seulement un rapport de finalité). Certes le centre du cercle est distinct des autres points, le soleil produit la lumière comme son effet. Mais le centre n'est pas séparé des autres, le soleil continue de prodiguer sa lumière, de sorte que le principe serait continuellement présent à ses effets. Les images accréditent l'idée d'une donation d'unité et d'être aux choses par le principe.

Autrement dit, le principe doit être transcendant (en tant que l'Un) et omniprésent (en tant que principe). Cette double exigence est un paradoxe insurmontable pour le discours. Finalement les images disent plus ou mieux que le discours l'essence du rapport entre le Premier et ce qui en dépend. L'image est synthétique et intuitive, là où le discours est analytique. Il y a un primat de l'image sur le discours qui doit expliciter le contenu intuitif de celle-ci,

---

1. Plotin, Traité 9 (VI, 9, 3, 50-53), *Traités 7-21*, *op. cit.*, p. 81.

et décompose ce qui ne peut l'être et fait ainsi surgir des apories indépassables.

Ainsi plus on affirme la supériorité (la transcendance) du principe, c'est-à-dire son unité, plus on subordonne le discours à l'intuition, et finalement le régime de l'image paraît plus approprié. Aussi la connaissance du Bien chez Platon est-elle plutôt présentée comme une intuition au-delà de la dialectique. Chez Plotin, l'âme doit saisir le Principe à partir de l'Intellect. Chez Descartes et chez Pascal, quoique dans des sens différents, la vérité des principes est également l'objet d'une intuition intellectuelle (ce qui ne veut pas dire irrationnelle). Dans ce privilège de l'intuition, ce qui est précisément mis entre parenthèses comme un « obstacle ontologique », c'est le langage. La question du rapport entre le langage et le principe apparaît en effet décisive. Le langage est-il ce qui maintient l'intelligence dans une extériorité à l'égard du principe (car « en vérité aucun nom ne lui [l'Un] convient » comme dit Plotin [1]), ou la seule manière pour l'intelligence de réfléchir l'intelligibilité du principe ? La pensée semble acculée à cette alternative : ou bien le principe est connaissable mais il perd sa transcendance : ou bien le principe est affirmé dans sa transcendance, mais il échappe à la connaissance. Ou bien le principe donc l'ineffable, ou bien le discours donc la non-transcendance.

Comment donc connaître le principe en lui-même pour une intelligence finie ? Comment connaître le principe sans nier sa nature de principe, comment parler du principe autrement qu'à partir du principié ? L'intelligence est ici invitée à une méthode indirecte qui prend traditionnellement trois formes non exclusives. On peut penser qu'il suffit de

---

1. Plotin, Traité 9 (VI, 9, 3, 50-53), *Traités 7-21, op. cit.*

procéder par négation. On peut connaître les attributs du principe (donc connaître le principe) par voie négative, en niant la finitude impliquée dans tous les concepts d'attributs possibles : nier le fini du fini, c'est restaurer l'infini principiel. Dieu est non x, non y ... Mais évidemment la voie négative n'est pas une voie : dire non x de A ne permet pas de connaître A. La négation ne supprime pas l'écart entre le fini et l'infini, le principié et le principe, mais le maintient. Le Dieu de la voie négative reste un Dieu inconnu : la négation perd Dieu à l'horizon de notre connaissance.

On peut essayer la voie de l'éminence – qui est l'aboutissement de la négation (le non étant devient super-étant, le non-fini au-delà du fini) : le principe n'est pas identifiable à la somme des prédicats niés du principié, mais à ces mêmes prédicats portés au degré ou au mode éminent : Dieu est la valeur x du principié porté à l'infini. Mais là encore, une bonté éminente risque de n'être qu'une bonté accrue qui ne fait pas franchir la différence ontologique entre le principié et le principe en nous maintenant à l'intérieur de l'ordre du principié : l'infini reste le fini indéfiniment augmenté. Le principe n'est pas alors saisi selon sa nature mais selon la nôtre.

C'est pourquoi, on peut rechercher dans l'analogie un procédé adéquat pour distinguer le principe sans le faire disparaître dans la négation : le principe est au principié ce que A est à B (le soleil au sensible disait Platon). L'analogie en tant qu'elle est une égalité de rapports – c'est-à-dire analogie de proportionnalité, donc avec des différences : A n'est pas B, C n'est pas D – évite aussi bien l'identité abstraite (c'est-à-dire l'univocité du principe et du principié : le principe est rationnel mais pas de la même rationalité que le principié) que la différence radicale (équivocité pure entre le principe et le principié, ce qui condamne l'intelligence au silence : le principe est ineffable). Au fond, l'analogie prétend intégrer les voies de la négation et de l'éminence : le raisonnement par analogie suit une triple démarche : affirmative (par exemple Dieu est), négative (il n'est pas, sur le mode des créatures), ré-affirmative ou sur-éminente (Dieu est en surpassant l'être de tout étant). Mais l'analogie reste une connaissance approchée : elle ne saisit pas le principe mais la fonction du principe, et encore selon une relation de deux termes dont il faut corriger l'inadéquation. Le principe n'est pas au principié comme le soleil par rapport au sensible mais quelque chose comme le soleil. Davantage il n'est pas comme quelque chose, s'il est un non étant. Même si l'on admet avec Kant que l'analogie n'est pas une ressemblance imparfaite entre deux choses mais « la ressemblance parfaite de deux rapports entre des choses tout à fait dissemblables »[1], il n'en demeure pas moins que la connaissance par analogie est une connaissance imprécise, qui relève plutôt du mode d'exposition et de l'argumentation que de la science et de la démonstration : l'analogie est le mode de connaissance du savoir qui ne peut se constituer de manière scientifique[2] – soit propédeutique (la nageoire est au poisson ce que l'aile est à l'oiseau) soit métaphysique – il s'agit de connaître ce qui n'est pas visible, purement intelligible à partir du visible, du sensible (dépasser l'apparence, remonter plus loin). L'analogique est quelque chose entre l'univoque et l'équivoque : en tant qu'il n'est pas l'équivoque, il est un mode de connaissance, en tant qu'il ne se résout pas dans

---

1. E. Kant, *Prolégomènes à toute métaphysique future*, trad. fr. L. Guillermit, Paris, Vrin, 1993, § 58.
2. P. Duhem (*Le mixte et la combinaison chimique*, Paris, Fayard, 1985), malgré les insuffisances de l'analogie, considère qu'on doit lui reconnaître une valeur scientifique sous peine, par exemple, d'écarter l'anatomie comparée du champ scientifique.

l'univoque, il n'est pas un mode scientifique de connaissance.

La seule façon d'articuler le discours et le principe, c'est de pluraliser les principes et ainsi de renoncer à un principe comme terme absolument premier. La rationalité du principe se paie de la non-transcendance du principe, c'est-à-dire de la pluralité de sa notion. S'il y a plusieurs principes, il est possible de justifier rationnellement les principes. L'unité des principes n'est alors plus un être ou un terme premier, mais formellement la raison.

Du moins le principe ne doit pas commander sur son intelligibilité au point de se rendre incompréhensible. Au fond, il s'agit de récuser le dépassement plotinien qui relègue l'être et l'intelligibilité de l'être au second rang. Les principes de la connaissance sont premiers comme (les) principes de l'être. Le principe n'est pas en dehors des principes pour le connaître. Il faut retourner les difficultés précédentes. Comment parler du Principe s'il n'est pas ? Pour Plotin, poser la question est déjà y répondre : le langage est accordé à l'être (le *logos* est essentiellement prédicatif[1]) dont il est le corrélat. Le langage porte sur l'être, l'être est ce que le langage peut dire[2] : donc le langage est impuissant à saisir ce qui est au-delà de l'être.

> [Le Principe] est ineffable (*arrêton*) ; quoi que vous disiez vous direz quelque chose (*ti*) : or ce qui est au-delà de toutes choses, ce qui est au-delà du vénérable Intellect, ce qui est au-delà de la vérité qui est en toutes choses, n'a pas de nom[3].

1. *Logos apophantikos* (Aristote) : prédiquer quelque chose sur quelque chose, *legein ti kata tinos.*
2. On pourrait appliquer la formule de H. G. Gadamer : « l'être qui peut être compris est langage » (*Vérité et méthode,* Paris, Seuil, 1996, p. 330).
3. Plotin, Traité 49 (V, 3, 13-14), *Traités 45-50*, Paris, GF-Flammarion, 2009.

Si l'Un n'est pas, il ne peut être un « quelque chose » sur lequel dire quelque chose. La transcendance du principe oblige à relativiser le langage propositionnel (le principe ne passe pas dans la proposition) – qui reste (seulement) valide dans l'ordre inférieur de l'étant.

Dès lors, le silence passera pour l'attitude la plus convenable à l'égard de l'hyper-transcendance de l'Un (du principe). Le néoplatonicien ne s'en contente pas, usant notamment de la négation pour libérer le langage de l'être précisément. Un peu comme quand je dis : « je ne suis pas ce que vous dites », qui signifie que je suis au-delà de ce qu'on peut dire de moi. La négation conduit à l'éminence. Toute détermination est une négation, donc toute négation d'une détermination est l'indice d'une positivité ineffable : l'Un est au-delà de tout ce qu'on peut dire de lui à l'exception de tout ce qu'on peut dire qu'il n'est pas. Il n'est ni une essence, ni Pensée, ce qui implique la dualité sujet/objet, intelligence/intelligible. Il en va du principe comme du supermarché ou de l'hypermarché : il est la négation du marché en tant qu'il est la culmination de l'économie de marché[1] (affirmation superlative par négation d'une détermination).

Mais de l'Un en tant que l'Un ou du Principe dans sa « principialité », on ne peut rien dire, ni qu'il est, ni qu'il est un, ni qu'il est principe : pour approcher le principe, dit le 39e traité, « écartons de lui toute chose »[2] et puisqu'il « ne doit avoir absolument aucun rapport à quelque chose

1. *Cf.* P. Aubenque, *Faut-il déconstruire la métaphysique ?, op. cit.* p. 38.

2. *Cf.* Plotin, Traité 30 (III, 8) *Traités 30-37*, *op. cit.*, p. 48 : « en prononçant le "Bien", n'y ajoute rien d'autre en pensée ; car si tu lui ajoutes quoi que ce soit, tu l'affaibliras d'autant que ce que tu ajoutes ».

[…] supprimons même le mot : il est ». Tout porte la trace de l'Un, mais l'Un « tel qu'en lui-même » se dérobe :

> L'Un n'est absent de rien et il est absent de toutes choses, de sorte que présent, il n'est pas présenté (*parôn mè pareinai*)[1].

Finalement, la quête de la « principialité » aboutit à trois conséquences : le silence – ce qu'on ne peut dire, il faut le contempler et le taire ; la contradiction car il est impossible de ne pas attribuer des prédicats positifs au Principe – alors la pensée s'épuise à lutter contre le langage ; ou si l'on veut éviter la contradiction, l'obligation de traiter ces prédicats comme de simples métaphores – et encore les métaphores les plus simples, les moins abstraites, intelligibles sont les meilleures. S'il y a une « hénologie positive » chez Plotin, elle est pour l'essentiel supportée par les nombreuses images politiques ou biologiques qu'il utilise pour dire l'Un-principe dans l'affirmation de sa suréminence. Il est souvent roi ou père, source de la vie, racine, centre.

Pour Plotin, le Principe n'est pas un principe de raison, car si c'était le cas, il devrait rendre raison de lui-même, ce qui le diviserait : si le Principe était la raison suffisante de lui-même il ne serait plus l'Un. Le vocabulaire de la causalité (le Principe est cause de soi, *aition heautou*[2]) est inadéquat et le langage (métaphysique) de la causalité première doit être corrigée par les métaphores les plus humbles qui relèvent de l'analogie : le Principe est « le père de la cause et de l'essence causale », il est « la source de l'être et de la cause ». Le principe est cause mais ne

1. Plotin, Traité 9, (VI, 9, 4), *Traités 7-21, op. cit.*, p. 83.
2. Plotin, Traité 39 (VI, 8), *Traités 38-41*, Paris, GF-Flammarion, 2007.

peut être dit cause. Le principe est un peu semblable à la rose selon le poète et mystique allemand Angelus Silésius :

> Sans pourquoi elle fleurit parce qu'elle fleurit *(Die Rose est ohne Warum. Sie blühet, weil sie Blühet).*

Donc on est conduit soit au silence de la raison, soit à la contradiction, soit au langage analogique, c'est-à-dire à la séparation du langage et de la raison en s'en remettant aux métaphores du langage ordinaire contre le langage logique.

Donc à nouveau, la quête de la « principialité » aboutit à un principe d'anarchie ou à une anarchie du principe. Si l'on ne peut se satisfaire de cet écart entre le principe et la raison[1], il s'agit alors d'inverser le rapport en se demandant ce qu'est le (un) principe à partir de la capacité à en parler ? La raison est en quelque sorte le principe du principe. Ou encore le principe de connaissance commande le principe de l'être, du moins les deux ordres ne peuvent être ni séparés ni hiérarchisés. C'est pourquoi il faut traiter plus directement du rapport de la raison aux principes – la raison cessant ici d'être objective (et/ou mondaine) pour devenir progressivement subjective. Si tout ce qu'on peut connaître métaphysiquement du Principe est sa fonction à l'égard du principié, faisons l'hypothèse que l'essence du principe est précisément fonctionnelle et non pas fondationnelle, ou du moins que la fonctionnalité du principe commande sa principialité.

On peut présenter la conclusion autrement. Il y a bien une antinomie du principe entre la transcendance et la dépendance. Si l'on radicalise la transcendance du principe (ce qui semble nécessaire) il faut renoncer à qualifier le

---

1. Si le principe n'est pas rationnel, il faudrait en conclure à l'absence de principe, faisant reposer la sagesse sur l'affirmation première du hasard. Le hasard est l'anti-principe.

premier terme du principe : la transcendance se paie de l'incompréhensibilité du principe. « Le principe n'est rien de ce dont il est le principe » [1]. En revanche, si l'on insiste sur la relation de dépendance du principe au principié, on nie la transcendance du principe en le rendant commensurable avec le principié. Donc, ou bien on maintient l'exigence métaphysique du principe, et l'on considère que la question du principe est axée sur celle de la « principialité », mais alors on ne voit pas comment l'antinomie peut être dépassée et finalement la quête du principe s'abîme dans le sans fond du silence : le silence est l'*Abgrund* du principe. Ou bien, on doit redéfinir l'exigence du principe en le définissant non plus comme un au-delà de la pensée, mais comme ce qui rend possible la pensée et est indissociable de son exercice. Il s'agit alors de penser l'antériorité d'une règle, d'une loi, d'une structure plutôt que d'une substance ou de qui est au-delà de toute substance. Si l'on ne renonce pas tout à fait à la métaphysique, la recherche du principe s'exerce indissociablement comme une métaphysique de la connaissance. Par là-même, le principe est amené à se pluraliser. Et donc le sens fondationnel du principe est concurrencé par son sens fonctionnel.

---

1. Plotin, Traité 30, *Traités 30-37*, *op.cit.*, p. 47.

DIRE LE PRINCIPE DIVIN

Le principe est une question de métaphysique, voire la question qui traverse toute l'histoire de la métaphysique. C'est pourquoi, il est aussi une question théologique. Ou encore, il y a une trame théologique de l'histoire métaphysique du principe qu'on ne peut ignorer, dans le prolongement du néoplatonisme ou contre lui. Elle concerne le vieux débat en théologie sur le nom et la connaissance de Dieu : comment dire Dieu et bien le dire ? Que Dieu soit principe est une évidence théologique. Mais comment nommer le principe qu'il est ? Quel est le premier nom par lequel il mérite d'être connu et loué ? Quel est le premier nom pour dire ce qui est premier ? Plus simplement, comment dire Dieu comme le principe ?

Il y a trois manières (déjà rencontrées) d'accéder au principe divin, que Proclus a systématisé dans la *Théologie platonicienne* : selon l'analogie (comme au livre VI de la *République*), selon l'éminence (Dieu est toute perfection sur un mode supérieur, superlatif), ou selon le mode de la négation.

La dernière voie de la théologie négative qui repose sur les hypothèses négatives du *Parménide* (l'Un n'est pas) est rassemblée dans le corpus dionysien (Denys l'Aéropagite ou Pseudo-Denys). Le texte fondamental pour toute théologie négative est la première hypothèse du *Parménide* de Platon (l'Un est un). Le raisonnement conduit à montrer que l'Un ne participe pas à l'être (l'un n'est pas un étant) et que n'étant pas, il n'est pas un (n'étant pas, il n'est pas un). Il en résulte que, selon la première hypothèse, l'Un est inconnaissable et ineffable : « Donc à lui n'appartient aucun nom ; il n'y en a ni définition, ni science, ni sensation, ni opinion »[1]. Plotin considérait à la suite de Platon que l'Un, est au-delà de l'*ousia*. L'Un (première « hypostase ») n'est ni être ni pensée[2].

La méthode négative pour traiter du principe (divin) se radicalise chez le néoplatonicien anti-chrétien Damascius (v. 458-533). Il exprime le paradoxe du principe : le principe en tant qu'il est principe du tout ne peut, sous peine de n'être pas principe, être hors du tout ; mais en tant qu'il est premier, le principe doit transcender le tout. Ce genre d'aporie conduit à un apophatisme radical (*apophasis*, négation) : « Nous démontrons notre ignorance et notre impossibilité de parler à son sujet » ; « Notre ignorance à son sujet est complète et nous ne le connaissons ni comme connaissable ni comme inconnaissable »[3]. On ne peut dire que Dieu est *x* (miséricordieux) ou qu'il n'est pas *x* : dire que Dieu est *x* c'est nier Dieu à partir de la finitude de *x* : dire que Dieu n'est pas *x* c'est affirmer que Dieu est privé de *x*. Dieu en tant que principe transcendant ou infini n'est ni *x* ni ne l'est pas.

La théologie négative chrétienne apparaît avec Denys l'Aéropagyte – précédée par la théologie négative du philosophe juif hellénisé Philon d'Alexandrie qui soutient la thèse de l'incompréhensibilité de Dieu : « Le bien le

---

1. Platon, *Parménide*, 142a, Paris, Les Belles Lettres, 1923.

2. L'Intellect d'Aristote est la 2e hypostase.

3. Damascius, *Traité des premiers principes,* Paris, Les Belles Lettres, 1986.

plus grand est de comprendre que Dieu, selon son essence (*kata to einai*) est incompréhensible » – ce qui devient un lieu commun des premiers théologiens chrétiens (Justin, Clément d'Alexandrie, Origène). Denys l'Aréopagyte écrit dans sa *Théologie mystique* :

> Alors le discours [de théologie affirmative] descendant d'en haut jusqu'au dernier point, s'élargissait d'autant plus qu'il descendait ... ; maintenant, montant d'en bas vers ce qui est au-dessus, ... il se restreint et, à la fin de toute la remontée (*anodos*), il perdra tout à fait la voix et s'unira complètement à l'Ineffable (*olôs enôthèsetai tô aphthegtô*) [1].

La théologie cataphatique (ou affirmative) descend de Dieu vers les créatures : la théologie est apophatique (ou négative) en remontant des créatures vers Dieu, obligée d'abstraire et de nier les attributs qui ne conviennent qu'au fini pour saisir finalement Dieu comme principe au-delà de toute détermination.

Ainsi au lieu de dire (comme dans la scolastique) que Dieu n'est pas un étant mais l'être pur et simple, non limité par une forme ou une essence, qu'il est l'être sans restriction, que l'être pur et simple vaut comme « le nom le plus propre de Dieu » (*ipsum esse*, ou l'acte d'être, *actus essendi*) puisque Dieu n'a pas l'être, comme tous les étants qui le reçoivent à proportion de leur essence (*ens est quod habet esse*) mais qu'il est son être (*esse purum, esse tantum : Deus est ipsum suum esse per se subsitens*) comme le fait Thomas d'Aquin [2], on ne pourrait rien dire de plus de Dieu

---

1. Pseudo-Denys l'Aréopagite, *Les noms divins. La théologie mystique,* Paris, Cerf, 2016, p 311.
2. Qui va jusqu'à cette formule dans le *De ente et essentia* : « cet *esse* qui est Dieu » (*hoc enim esse, quod Deus est*).

(principe) qu'il n'est pas. Dire que Dieu n'est pas, ce n'est pas dire qu'il n'existe pas mais qu'il existe sur un mode éminent au-delà de l'existence. La négation est un mode d'affirmation, non pas une affirmation simple (sinon la théologie tomberait dans une contradiction : il ne s'agit pas d'affirmer ce qu'on nie) mais une affirmation éminente (affirmer au-delà de ce qu'on nie, affirmer au-delà de la contradiction entre l'affirmation et la négation) : Dieu n'est pas, c'est-à-dire Dieu est au-delà de l'être et du non-être.

La théologie négative qui reste une méditation sur ce que peut et doit être le principe inverse la théologie positive : au lieu d'affirmer que Dieu est nécessaire s'il est possible (preuve ontologique par Leibniz), il faut définir Dieu comme l'impossible, puisqu'il conjoint des prédicats contraires, par l'excès : excès de la logique (Dieu n'est pas), excès de l'ontologie (Dieu n'est pas l'être).

Dieu peut et doit être pensé selon une autre modalité que l'objet ou la contradiction, comme donation, événement : il « est » donation antérieure à l'être, événement impossible. C'est la tentative qu'a développée Jean-Luc Marion dans son ouvrage *Dieu sans l'être*[1]. Derrière quelques passages cités du traité des *Noms divins* de Denys l'Aéropagite, on peut reconnaître la célèbre formule de la *République* sur le Bien. Celui-ci soutenait que le premier nom de Dieu est le Bien, réquisit de toutes choses, qui donne l'être aux essences et aux étants :

> Dieu ne donne d'être aux étants que parce qu'il précède non seulement ces étants, mais aussi le don qu'il leur délivre – d'être. En sorte que la préséance de l'être sur les étants renvoie elle-même à la préséance du don sur l'être, donc enfin de celui qui délivre le don sur l'être[2].

1. J.-L. Marion, *Dieu sans l'être*, Paris, Communio-Fayard, 1982.
2. *Ibid.*, p. 113.

Et Jean-Luc Marion de citer Denys dans la *Théologie mystique* :

> L'être lui revient, mais lui ne revient pas à l'être ; en lui se trouve l'être, mais lui ne se trouve pas dans l'être ; lui maintient l'être, mais l'être ne le maintient pas [1].

Le don (le Bien) précède l'être. Le don est donc principe (au-delà de l'être ou sans l'être). Mais ce n'est pas un principe au sens de la cause ou du fondement, qui relèvent d'un énoncé catégorique que la primauté du bien (ou du bon ou du don) surmonte, ce qui fait qu'aussi bien l'on peut faire remonter le non-être vers le principe.

> "Et si le bien surpasse tous les étants […] il faut dire aussi, si l'on peut oser, que le non-être lui-même aussi, tend vers le bien au-delà de tous les étants" ; et encore : "Le discours doit oser même dire que le non-être lui aussi participe du beau et du bien" [2].

Mais l'histoire théologique du principe se déploie encore selon un autre axe, non sans rapport avec le précédent, autour du concept d'hypostase. Dieu est le nom religieux dont le Principe est la fonction métaphysique. Mais comment le Dieu nécessairement unique de la révélation ou de la spéculation métaphysique sur le principe peut-il être une vie relationnelle et interpersonnelle ? Comment concevoir Dieu, révélé par trois noms, comme Père qui a envoyé son Fils et donné son Esprit, sinon comme étant éternellement en lui-même Père, Fils et Esprit ? Si Dieu est principe ou sans origine, le Fils qui procède du Père est-il également divin avec le Père, et

1. J.-L. Marion, *Dieu sans l'être, op. cit.*
2. *Ibid.*, p. 115.

l'Esprit est-il Dieu alors que l'Écriture ne le précise jamais explicitement ?

La théologie latine, après Tertullien, utilise *persona* en traduction d'*hypostasis,* introduit à des fins théologiquement précises à propos de la Trinité, pour combattre les positions hérétiques du modalisme (il n'y a Dieu que le Père), du subordinarianisme, du nestorianisme (dans le Christ, s'il y a deux natures, humaine et divine, il y a deux personnes) ou du monophysisme d'Eutychès (dans le Christ, s'il y a une personne, il n'y a qu'une seule nature). Déjà Tertullien dans son *Contra Praxéas* écrit : « En quel sens sont-ils autres ? Je l'ai déjà déclaré ; en personnes, mais non en substance ; distinct, mais non séparés ». Une seule substance (*ousia*), trois hypostases ou personnes. C'est la solution aussi retenue par Augustin, et par Boèce qui considère que la position juste est de soutenir que le Christ a deux natures dans une seule personne. Le concept de personne contourne la « normalité » ontologique [1] : un individu est numériquement distinct d'un autre mais possède une même nature que lui. Il permet ainsi de penser l'originalité ontologique du Dieu chrétien : une personne peut avoir deux natures (le Christ) et une même nature (le divin) peut exister en trois personnes (Père, Fils, Saint-Esprit) sans qu'il faille parler de trois individus et donc de trois dieux. En Occident on soutient que Dieu est trois personnes en une seule substance ou nature, en Orient qu'il est trois hypostases ou personnes en une seule substance ou nature. La théologie trinitaire ne résout pas la métaphysique du principe mais la redéploie, la complique et l'approfondit. L'aporie se scelle dans le mystère. Le principe n'est plus

---

1. S. Chauvier, *Qu'est-ce qu'une personne ?*, Paris, Vrin, 2003, p. 16-17.

indicible parce qu'il est l'Un au-delà de l'être et du dis-cours[1], mais parce qu'il est trois en (étant) un : un principe et trois personnes, un principe qui est l'union vivante de trois hypostases.

> Il y a donc trois personnes en Dieu. Mais s'agit-il de définir ce qu'est une personne divine, soudain toute parole humaine devient impuissante. Aussi disons-nous trois personnes, moins pour dire quelque chose que pour ne pas garder un silence absolu[2].

1. *Cf.* Plotin, Traité 32, *Traités 30-37*, *op. cit.*, p. 150-151.
2. Augustin, *La Trinité*, V, 9, 10, *Œuvres philosophiques complètes II*, Paris, Les Belles Lettres, 2019, p. 705.

LA CONNAISSANCE DES PRINCIPES

Il n'y a pas de connaissance rationnelle (ou même d'action rationnelle) sans principes. On peut certes toujours souligner l'insuffisance des principes pour connaître la vérité ou pour déterminer le bien : le principe est abstrait et général quand le réel est concret et singulier. Ou un principe doit venir compléter un autre, comme l'équité la justice, preuve que la pensée ne peut s'orienter sans principe, ni dans la connaissance, ni dans l'action. C'est même le geste le plus sûr de la raison que de suivre ou de se donner des principes. Si l'idée de méthode peut ou a pu jouir de tant de privilèges, c'est qu'elle exhibe cette intimité de la raison et des principes. Penser rationnellement, c'est suivre ou appliquer des principes et, inversement, la raison n'est peut-être rien d'autre que le lieu des principes. Selon Leibniz, les principes sont à la raison ce que les tendons ou les muscles sont au corps.

> Les principes généraux entrent dans nos pensées dont ils font l'âme et la liaison. Ils y sont nécessaires comme les muscles et les tendons le sont pour marcher, quoiqu'on n'y pense point. L'esprit s'appuie sur ces principes à tous moments, mais il ne vient pas si aisément à les démêler et à se les représenter distinctement et séparément … [1].

1. G. W. Leibniz, *Nouveaux essais sur l'entendement humain*, I, § 20, Paris, GF-Flammarion, 1990, p. 66.

La comparaison suggère que les principes d'une part ne sont pas des schémas rigides ou figés – ils conditionnent et sous-tendent toute l'activité de la raison – et d'autre part qu'ils sont sa structure invisible. Elle en use avant même de les (re-)connaître (principe d'économie, principe du meilleur…). Impossible de penser sans principes, même en n'y pensant pas.

Mais quels sont les principes nécessaires et universels de la raison, s'il y en a ? Pour Leibniz ils désignent des vérités premières, universelles et nécessaires comme le principe d'identité, le principe de contradiction, mais également le principe de substance (pas de mode sans substrat), le principe de causalité (tout ce qui a commencé d'exister a une cause), le principe de raison suffisante (rien n'est sans raison), le principe de finalité (tout ce qui est a une fin), le principe d'espace (tout corps occupe un lieu dans l'espace), le principe de durée (tout événement a lieu dans le temps), le principe de stabilité des lois de la nature (les mêmes causes dans les mêmes conditions produisent les mêmes effets), le principe du devoir (il faut faire le bien et éviter le mal). Aussi, est-ce par la reconnaissance des principes de la raison c'est-à-dire sur la raison partagée que les hommes peuvent s'entendre et espérer régler leurs différends. La raison est supposée la même pour tous les hommes. Ce sont les mêmes principes que les hommes suivent ou qui rendent leurs conduites intelligibles, les uns pour les autres, par-delà leurs multiples différences. Les principes sont en eux comme des « inclinations, des dispositions, des habitudes ou des virtualités naturelles ». L'idéal serait de pouvoir, en cas d'impasse ou de controverse, raisonner infailliblement : « *Calculemus* » (Leibniz).

Mais tous ces principes répondent-ils également aux critères d'universalité et de nécessité attachés au concept de principe ? On peut distinguer les principes moraux qui reposent sur l'obligation des principes théoriques qui expriment la nécessité. Ou encore, il faut distinguer une nécessité morale qui incline sans nécessité (Leibniz) et une nécessité stricte (logique). « Il faut faire le bien et éviter le mal » est certes un principe pour l'action : il la commande et assure le sujet d'une certaine constance contre les intermittences de la volonté. Vivre de manière éthique, c'est suivre des principes contre une manière esthétique de vivre qui épouse et s'abandonne à la séduction du désir immédiat[1]. Et ce principe est bien rationnel, si l'on s'accorde sur l'idée que le bien est toujours la raison de vouloir (*sub specie boni*) : on ne veut pas le bien parce qu'on le veut mais on le veut parce qu'il est le bien – le bien est la raison suffisante de la volonté. Pourtant la nécessité de faire le bien s'adressant à un être libre, le devoir demeure conditionnel : il est nécessaire que le bien soit le bien, que le bien à titre de fin ou de raison commande la volonté, mais il n'est pas nécessaire de vouloir le bien, que le bien soit connu ou, au contraire, mal connu par l'entendement[2]. L'écart entre les principes pratiques et les principes théoriques paraît irréductible.

Mais le même doute se pose aussi bien pour l'ensemble des principes théoriques. Par exemple la nécessité de la cause finale est largement suspecte – et de fait récusée par le « grand rationalisme », à l'exception notable de Leibniz précisément. Le principe de finalité présente-t-il la même

---

1. S'il y a des principes esthétiques, y a-t-il des principes d'une vie esthétique ? *Cf.* S. Kierkegaard, *Ou bien ... ou bien,* Paris, Tel-Gallimard, 1984.

2. C'est le problème classique de l'acrasie et du raisonnement moral depuis au moins Aristote (*Éthique à Nicomaque*, VII, 5). *Cf.* R. Ogien, *La faiblesse de la volonté*, Paris, P.U.F., 1993.

nécessité que le principe de causalité ? Selon Kant, le principe de finalité n'est pas un principe constitutif de l'expérience possible (comme le principe de causalité) mais sert de règle dans la connaissance de cet objet si singulier qu'est l'être vivant[1]. C'est un principe qui procède, ultimement, de la structure contingente de notre faculté de connaître. Mais le principe de causalité lui-même n'est pas à l'abri de toute critique. Le principe de causalité enchaîne-t-il dans la chose la cause et l'effet, ou seulement l'esprit sous l'effet de l'habitude ?

Tous les principes évoqués sont assurément rationnels mais peut-être à des degrés variables. En fait, la classe des principes paraît scindée par l'opposition entre la raison et l'expérience, ou entre la raison formelle et la raison expérimentale. Sans doute certains concepts et certains principes se laissent ramener au principe d'identité et au principe de contradiction (le concept de mode suppose le concept de substance, celui de corps l'extension …). Mais précisément tous les principes ne sont pas de cette sorte. Le principe d'inertie n'est pas un principe qui se déduit de la raison elle-même. Pour se convaincre de sa vérité (qu'un corps persiste indéfiniment dans son état de repos ou de mouvement si aucune force ne vient modifier cet état), la raison doit certes corriger les impressions des sens contre l'expérience (qui fait croire que tout mouvement suppose l'actualité d'une force qui s'y applique) mais sans pour autant pouvoir en tirer d'elle-même le principe. Du moins, ce n'est pas en analysant la notion de corps que la raison conclut à l'inertie de son mouvement, comme elle

---

1. Cf. E. Kant, *Critique de la faculté de juger*, § 70, Paris, Vrin, 1993, p. 78-80.

peut établir de l'analyse de celle-ci la nécessité de l'extension.

Cette différence entre les principes correspond à l'opposition entre l'analytique et le synthétique, l'*a priori* et l'*a posteriori*. Il y a des principes *a priori* et des principes *a posteriori* (lois). Il y a des principes qui sont des vérités analytiques et des principes qui sont des vérités synthétiques. Ou encore il y a les vérités de raison et les vérités de fait. Vérités analytiques *vs* vérités synthétiques, vérités de raison *vs* vérités de faits, *a priori* vs *a posteriori*, raison formelle *vs* raison expérimentale

Kant reprend cette opposition de l'analytique et du synthétique, de l'*a priori* et de l'*a posteriori*, mais sans superposer les termes : l'*a priori* n'a pas la même extension que l'analytique et l'*a posteriori* ne se limite pas au synthétique. Il y a un ordre intermédiaire qui est le synthétique *a priori*. R. Blanché dans sa présentation des structures *a priori* de la raison chez Kant distingue trois cercles. Kant rompt sans doute avec le rationalisme classique en substituant à la théorie des idées innées la théorie des principes rationnels (formels). La raison cesse d'être un « magasin d'idées »[1] ou un pouvoir d'intuitionner des natures simples (entendement) et prend un caractère dynamique et actif dans la construction du savoir. Par-là elle cesse d'être une partie de la raison divine et subit une forme de laïcisation décisive qui accompagne la modernité. Autrement dit, elle « n'est plus un reflet, c'est un foyer »[2]. Mais la raison exerce cette activité selon certaines règles ou structures qui, bien qu'*a priori,* n'enveloppent pas la même nécessité.

---

1. R. Blanché, *La science actuelle et le rationalisme*, Paris, P.U.F., 1967, p. 6.
2. *Ibid.*

Il y a le niveau logique ou analytique *a priori* : ce sont les principes logiques de toute pensée possible. Il y a le niveau synthétique *a priori* des principes qui organisent l'intuition sensible pour constituer le phénomène objetif (défini comme l'objet déterminé d'une intuition emprique) : ces principes constituent les conditions de possibilité de l'objectivité, mais non de la pensée – leur nécessité et leur universalité est déjà plus restreinte (connaissance de l'objet). Enfin, sur un cercle plus extérieur, il y a les structures de l'espace et du temps qui relèvent de la spécificité de notre système de connaissance (contingence et finitude) : le temps et l'espace sont les formes de notre réception des phénomènes.

Autrement dit, il y a les principes *a priori* de toute pensée possible (principe d'identité, de contradiction, de tiers exclu) : ils sont absolument nécessaires. Mais les principes logiques ne suffisent pas à expliquer la connaissance et la science. Connaître ce n'est pas seulement penser (de manière non contradictoire). Il faut donc supposer des catégories et des principes qui rendent possibles la science, c'est-à-dire des principes à la fois synthétiques (qui augmentent la connaissance) et *a priori* (nécessaires et universels). « Synthétique » veut dire que la raison doit sortir du concept pour connaître un objet, c'est-à-dire ajouter une intuition au concept. Si l'intuition est empirique, sur le régime simplement réceptif de la sensibilité, le jugement est synthétique *a posteriori* : l'augmentation de la connaissance suppose la médiation de l'expérience (l'eau bouille à 99,9°). Si l'intuition est pure, c'est-à-dire consiste dans la forme de l'intuition (l'espace et le temps qui sont les structures *a priori* sous lesquels un objet peut apparaître à l'esprit), le jugement est synthétique et *a priori*. Ainsi des propositions mathématiques pour Kant (irréductibles donc à la logique qui est une science de l'analytique *a priori*) – la raison sort d'elle-même mais en construisant ses raisonnements dans les intuitions pures de l'espace et du temps – mais aussi des propositions physiques fondées sur les catégories et les principes *a priori* de l'entendement. L'*a priori* se répartit sur trois niveaux concentriques, autour du noyau des principes logiques, absolument nécessaires sans lesquels

> aucune pensée ne serait possible. Autour d'eux, un peu plus extérieurs, les principes de la permanence de la substance et de la succession selon la causalité sont déjà affectés d'une certaine contingence [...]. Enfin, plus extérieures, puisqu'elles ne relèvent plus de l'entendement, sont les formes spatio-temporelles [...].
>
> Dans le rationalisme de l'*a priori* comme dans celui de l'innéité, la raison est censée fixée une fois pour toutes[1].

Dès lors, plusieurs problèmes majeurs se posent. Peut-on réduire les principes *a priori* entre eux (identité, contradiction, tiers-exclu), le principe de contradiction au principe de raison suffisante? Peut-on démontrer les principes analytiques eux-mêmes (le principe d'identité et le principe de contradiction)? La distinction entre l'analytique *a priori* et le synthétique *a posteriori* est-elle incontestable – sans parler de la possibilité de jugements synthétiques *a priori*?

De fait, tous les principes qui passent pour évidents ont été critiqués. Soit comme manquant d'universalité et de nécessité qui constituent les critères indissociables de l'*a priori*[2] – ici pointe le soupçon du relativisme et du scepticisme, qui se communique des principes pratiques

---

1. R. Blanché, *La science actuelle et le rationalisme*, *op. cit.*, p. 7-8.
2. *Cf.* E. Kant, *Critique de la raison pure*, introduction, Paris, P.U.F, 1944, p. 33. Pour une analyse critique de cette thèse jamais justifiée, *cf.* B. Halimi, *Le Nécessaire et l'universel*, Paris, Vrin, 2013.

aux principes théoriques : plaisante justice que borne une rivière, plaisants principes si aucun n'est décidément *a priori*. Soit comme déclinant une fausse nécessité (le principe de causalité comme effet de l'habitude) ; soit comme impliquant une illusion nécessaire (l'application du principe de raison suffisante sans limite) ; soit comme n'étant que formellement vrais, sans rien faire connaître.

Descartes a, contre la scolastique, particulièrement soulevé ce dernier point. Il y a principe et principe, et le principe apparemment le plus nécessaire n'est pas le plus fécond. Le philosophe français semble distinguer ce qui peut servir de principe et ce qui est principe en soi. Plus exactement, il y a les principes qui servent à démontrer ce qui est déjà connu et les principes qui font connaître ce qui fonde d'autres connaissances. La valeur des premiers est leur évidence et leur universalité ; la valeur des seconds, en dépit de leur « régionalité », est leur puissance cognitive.

> J'ajoute seulement que le mot de principe se peut prendre en divers sens, et que c'est autre chose de chercher une notion commune, qui soit si claire et si générale qu'elle puisse servir de principe pour prouver l'existence de tous les Êtres, les *Entia*, qu'on connaîtra par après ; et autre chose de chercher un Être, l'existence duquel nous soit plus connue que celle d'aucun autre, en sorte qu'elle nous puisse servir de principe pour les connaître [1].

Ainsi, *impossibile est idem simul esse et non esse* est un principe certes utile, mais qui ne fait jamais connaître « l'existence d'aucune chose ». C'est plutôt un principe de confirmation d'une connaissance déjà acquise :

---

1. R. Descartes, *Lettre à Clerselier, juin ou juillet 1646*, AT, IV, Paris, Vrin, 1996, p. 444.

> Il est impossible que ce qui est ne soit pas ; or je connais que quelque chose est ; donc je connais qu'il est impossible qu'elle ne soit pas. Ce qui est de bien peu d'importance, et ne nous rend de rien plus savants [1].

Et il y a un autre type de principe, en fait « le premier principe », qui fait connaître une existence de la manière la plus certaine et sur laquelle d'autres connaissances peuvent être établies :

> En l'autre sens, le premier principe est que notre âme existe, à cause qu'il n'y a rien dont l'existence nous soit plus notoire [2].

Descartes ne fait pas un usage massif de la notion de principe – contrairement à Leibniz. Sans doute définit-il, de manière classique, la philosophie comme recherche des premières causes et des premiers principes : la philosophie consiste à connaître les principes et par les principes ; elle se définit comme cette exigence de commencer par le commencement, de fonder la connaissance sur des principes absolument certains. Car la parfaite connaissance de toutes les choses que « l'homme peut savoir » repose sur la connaissance « premières causes c'est-à-dire des principes » [3]. Aussi Descartes intitule-t-il le résumé de toute sa philosophie au lecteur français : *Principes de la philosophie*.

Mais, pour autant, le terme de principe est peu présent dans les *Règles pour la direction de l'esprit* (en dehors de

---

1. *Ibid*, p. 444.
2. *Ibid*, p. 444.
3. R. Descartes, « Lettre-préface à l'édition française des *Principes* », *Principes de la philosophie*, Paris, Vrin, 2009, p. 26. L'image de la philosophie comme un arbre où la métaphysique (racines) « contient les principes de la connaissance » (*ibid.*, p. 36), renforce la même idée.

la 3ᵉ règle) ou dans les *Méditations métaphysiques* – alors qu'il est plus fréquent dans le *Discours de la méthode* et le sera davantage dans les *Principes*[1]. Descartes peut employer aussi bien les notions d'éléments, de causes, de notions (communes) ou même de semences (de vérité). Cette équivalence souligne le caractère essentiel du principe d'être premier dans l'ordre de la connaissance. Ainsi d'une part le principe entretient une relation d'ordre avec les connaissances qui en dépendent, telle qu'il peut être connu sans elles et non pas elles sans lui.

> L'ordre consiste en cela seulement, que les choses qui sont proposées les premières doivent être connues sans l'aide des suivantes, et que les suivantes doivent après être disposées de telle façon qu'elles soient démontrées par les seules choses qui les précèdent[2].

Le principe est ce qui est premier dans l'ordre. C'est pourquoi, le principe peut être nommé tour à tour, élément, cause ou notion commune, ou semence, idée primitive. Donc commencer par le principe c'est respecter l'ordre, penser et connaître selon l'ordre. D'autre part, ce primat de l'ordre dans la définition du principe fait apparaître que la notion cartésienne de principe a un sens essentiellement épistémologique, quand bien même il est question dans la *Lettre à Clerselier* des *Entia* ou de la recherche d'un Être. Les principes cartésiens sont toujours rapportés à l'esprit connaissant, désignant par conséquent les plus simples et les plus certaines vérités.

---

1. *Cf.* P. Guénancia, « Les premiers principes : Descartes et Pascal », dans B. Mabille (dir.), *Le principe*, Paris, Vrin, 2006, p. 112 *sq.*
2. R. Descartes, *Réponses aux Secondes objections*, AT, IX, Paris, Vrin, 1996, p. 121. *Cf.* aussi « Lettre-préface », *op. cit.*, p. 26.

Seulement, tous ces principes n'ont pas la même valeur. Plus exactement, tout principe est une connaissance certaine ou la plus certaine qui puisse être. Cependant il y a des vérités qui, tout en étant absolument simples, absolument premières comme d'autres, ont en plus le pouvoir de produire indéfiniment de nouvelles connaissances. La différence de valeur des principes ne se fait pas tant sur la priorité, sur l'antériorité que sur la productivité du vrai. C'est sur ce critère que s'opère la critique du principe de (non) contradiction. Le principe de contradiction ne fait rien connaître mais permet seulement de confirmer ce que l'on connaît déjà. Il n'engendre pas la connaissance, ne rend pas plus savant, n'augmente pas la science mais s'applique à toute connaissance possible déjà acquise. Ou encore il n'est utile que pour corriger un raisonnement défectueux. Vérifier ce que l'on sait déjà, ou corriger une erreur de raisonnement, témoigne de la fausse priorité du principe de contradiction, comme s'il exerçait un commandement au passé. Le principe de contradiction n'est pas un véritable principe, c'est-à-dire ne commande pas véritablement, parce que son antériorité n'est pas l'antériorité épistémologique ou méthodique (comme le *cogito*) de la connaissance d'autres choses mais l'antériorité d'une forme abstraitement séparée des contenus de pensée, posée par elle après coup comme première sur un mode en quelque sorte honorifique. Le principe de contradiction est un principe stérile. Or un principe vaut par l'usage qu'on peut en faire pour augmenter son savoir. Un principe qui sert seulement à confirmer ce qu'on sait ou à corriger mérite à peine le nom de principe. L'universalité est alors un mauvais critère de priorité du principe :

> J'ajoute aussi que ce n'est pas une condition qu'on doive requérir au premier principe, que d'être tel que toutes les autres propositions se puissent réduire et prouver par lui ; c'est assez qu'il puisse servir à en prouver plusieurs et qu'il n'y en ait point d'autre dont il dépend, ni qu'on puisse plutôt trouver que lui. Car il se peut faire qu'il n'y ait point au monde aucun principe auquel seul toutes les choses se puissent réduire ; et la façon dont on réduit les autres propositions à celle-ci : *impossibile est idem simul esse et non esse*, est superflue et de nul usage ; au lieu que c'est avec une très grande utilité qu'on commence à s'assurer de l'existence de Dieu, et ensuite de celle de toutes créatures, par la considération de sa propre existence[1].

Cette différence épistémologique des principes s'accompagne d'une régionalisation des principes. Si tout principe doit permettre d'augmenter la connaissance, alors il est vain de rechercher un principe absolument universel, c'est-à-dire de chercher à réduire toutes les connaissances à un principe unique. Au fond, plus un principe est affirmé comme universel (c'est-à-dire vrai de tout étant), moins il est épistémologiquement fécond. Ainsi en va-t-il du principe de contradiction. Il est toujours vrai de toutes choses que le contraire implique contradiction. Mais cette universalité rend le principe simplement formel. Ou encore s'autoriser de son universalité pour en faire un principe n'est pas suffisant, au point que Descartes doute qu'il puisse exister une vérité commune à toutes les choses. La signification épistémologique du principe implique qu'on pluralise et donc qu'on régionalise les principes. Selon ce point de vue, les idées primitives d'âme ou de substance pensante,

---

1. R. Descartes, *Lettre à Clerselier, juin ou juillet 1646*, AT, IV, *op. cit.*, p. 444-445.

de corps ou de substance étendue, et d'union de l'âme et du corps répondent davantage à cette définition du principe, car elles sont comme les patrons sur lesquels l'esprit peut construire toute la métaphysique, toute la physique, et jusqu'à la plus haute sagesse.

Donc les principes sont les choses connues les premières par l'esprit connaissant. Les principes ne sont pas des causes (des forces dans les choses) mais des vérités que l'esprit se représente comme les premières de toutes celles qu'il peut acquérir ensuite. C'est pourquoi, le *cogito* est le premier principe par excellence, le sujet ne connaissant rien de plus certain que son existence soustraite au doute, si et à chaque fois qu'il pense. Il fonde le principe ou plutôt la règle de l'évidence et constitue le fondement le plus certain sur lequel bâtir l'édifice des sciences.

Mais même le *cogito* qui jouit d'une priorité méthodologique n'est pas l'unique principe. Un principe ne vaut que par les vérités qu'il permet de découvrir, ce qui est vrai aussi et d'abord pour le *cogito*. Le principe-modèle du *cogito* reste limité aux choses qu'on peut déduire de lui (ce qu'est une substance pensante, que la pensée est séparée du corps). Mais que le *cogito* soit le premier principe rencontré méthodiquement n'implique pas qu'il soit le principe dont on puisse tout déduire. C'est si vrai que l'existence de Dieu passe à bon droit pour le principe de toutes les connaissances humaines puisque sans la garantie divine, rien ne pourrait assurer que la certitude subjective corresponde à une vérité objective. Ce qui est original chez Descartes, c'est que, parce que le principe a une signification épistémologique, le principe divin n'annule pas le principe du *cogito*. Si Dieu est premier dans l'être, le *cogito* est premier dans l'ordre du connaître. D'un côté,

la science ne commence pas par Dieu mais par le *cogito* ;
de l'autre la science ne s'achève pas par le *cogito* mais se
fonde sur Dieu. Cette dualité des principes a suscité
l'objection de la circularité : Descartes soutient qu'il ne
sait rien clairement et distinctement s'il ne sait pas d'abord
que Dieu existe, mais alors il ne pouvait prétendre savoir
clairement et distinctement qu'il existait[1]. Ou bien encore,
Descartes déclare qu'il ne peut être assuré que les choses
conçues clairement et distinctement sont vraies que si Dieu
est, mais il ne peut concevoir que Dieu est sans le concevoir
clairement et distinctement[2].

La seule réponse que Descartes ait vraiment faite à
l'objection consiste à dire que la véracité divine ne fonde
pas l'évidence du *cogito* (donc Dieu n'est pas le principe
du *cogito*, donc le *cogito* est un principe aussi bien que
Dieu) mais la connaissance qui fait intervenir la mémoire
de ce qui a été vu avec évidence – ce qui est certainement
insuffisant puisque quand la Première méditation fait peser
l'hypothèse d'un Dieu trompeur sur les vérités mathématiques, c'est bien l'évidence actuelle qui est menacée
de falsification, dont seule l'existence de Dieu de la
Troisième méditation libère totalement.

Mais si le cercle n'est pas une objection insurmontable,
c'est parce que la question du principe ne se joue pas
exclusivement dans le rapport entre le *cogito* et Dieu.
L'idée claire et distincte du corps comme chose étendue
en largeur, longueur et profondeur (l'étendue géométrique)
constitue le principe des choses matérielles d'où toutes les
connaissances physiques peuvent être développées. Le

---

1. R. Descartes, *Réponses aux Secondes objections*, AT, IX, *op. cit.*
2. R. Descartes, *Réponses aux Quatrièmes objections*, , AT, IX, Paris,
Vrin, 1996, p. 190.

déductivisme cartésien ne se ramène pas à un fondationa-lisme en Dieu. Il y a autant de principes qu'il y a d'idées primitives qui commandent un ordre distinct de choses. Sans doute Dieu est cause de toutes choses, premier principe de tout. Mais le principe de Dieu ne rend pas compte de la connaissance des choses dans leur spécificité : toutes les connaissances physiques du corps procèdent de l'idée innée de corps, toutes les propriétés des êtres vivants se déduisent de l'idée du mouvement et des figures des organes qui composent la machine du corps (sans dépendre de l'idée d'âme). Ainsi il y a trois notions primitives, premières et indépendantes (âme, corps, union de l'âme et du corps) qui servent de principes à toutes les connaissances (méta-physique, physique, psycho-physiologique).

> Premièrement je considère qu'il y a en nous certaines notions primitives, qui sont comme des originaux, sur le patron desquels nous formons toutes nos autres connaissances. Et il n'y a que fort peu de telles notions ; car, après les plus générales, de l'être, du nombre, de la durée, etc., qui conviennent à tout ce que nous pouvons concevoir, nous n'avons, pour le corps en particulier, que la notion de l'extension, de laquelle suivent celles de la figure et du mouvement ; et pour l'âme seule nous n'avons que celle de la pensée, en laquelle sont comprises les perceptions de l'entendement et les inclinations de la volonté ; enfin pour l'âme et le corps ensemble, nous n'avons que celle de leur union, de laquelle dépend celle de la force qu'a l'âme de mouvoir le corps, et le corps d'agir sur l'âme, en causant ses sentiments et ses passions [1].

L'originalité de Descartes est ainsi triple : il pluralise le principe, ne subordonne pas les principes entre eux, pose

1. R. Descartes, Lettre à Elisabeth du 21 mai 1643, AT, III, Paris, Vrin, 1996, p. 665.

l'actualité du principe et de ce qu'il commande dans son ordre propre – ce qui permet à l'esprit de pouvoir vérifier une idée complexe en la mesurant à l'idée première dont elle dérive. Principe veut dire premier, c'est-à-dire le plus simple, et non le supérieur ou le plus originaire. Descartes propose une pensée du principe qui n'est pas la quête ou la remontée au premier principe. L'enquête sur les principes ne dépasse pas le cadre d'une enquête sur la nature de l'esprit humain, c'est-à-dire des idées les plus simples et les plus évidentes et se tient en retrait de l'ambition spéculative du principe absolu de l'être ou du monde. Ou du moins, la pensée cartésienne du principe traduit l'équivoque de la fondation métaphysique dans le *cogito* ou en Dieu. En fait, Descartes emploie le mot principe en deux (ou trois) sens : le principe-cause qui convient à Dieu en tant qu'origine de la nature et des lois de la nature ; le principe-notion qui revient d'une part aux idées primitives et d'autre part aux axiomes (notions communes), c'est-à-dire aux principes au sens formel qui sont nécessaires dans les raisonnements mais sans apporter des connaissances nouvelles. C'est le deuxième sens qui est manifestement le plus cartésien, et plus précisément les notions premières ou premiers principes : l'existence de notre âme, l'existence de Dieu source de toute vérité, l'idée d'extension, l'union de l'âme et du corps.

LES DEUX GRANDS PRINCIPES
DE LA RAISON

Le principe commande les connaissances qui en dépendent. Mais comment connaît-on les principes et surtout comment établir leur nécessité ?

Leibniz a toujours fait valoir l'exigence de démonstration des vérités mêmes les plus certaines. Ainsi il n'est pas vain de démontrer que 2 + 2 = 4. Toute démonstration, d'une manière générale, repose sur le même mouvement : substituer ce qui est à définir par ce qui est défini, c'est-à-dire réduire l'inconnu au connu. Et c'est la rigueur de cette démarche qui fait toute la valeur des sciences formelles. L'identité est donc la vérité, c'est-à-dire le fondement nécessaire de la vérité, et c'est pourquoi les axiomes identiques sont en eux-mêmes indémontrables. Inversement, démontrer c'est réduire à l'identité, montrer l'identité là où elle n'apparaît pas immédiatement. D'où l'idée de Leibniz qu'il peut être souhaitable de démontrer les axiomes qui sont de soi les plus connus, pour donner la forme la plus parfaite à la science [1]. Les axiomes (secondaires) sont démontrables, ce qui revient à rendre évidente leur nécessité, c'est-à-dire à les réduire aux principes premiers, immédiats

1. La science progresse selon deux axes : l'*ars inveniendi* du côté de l'augmentation des résultats, l'*ars demonstrandi*, du côté de l'approfondissement des fondements.

ou identiques qui ne sont rien d'autre que l'expression distincte de leur définition.

> Bien loin que j'approuve qu'on se fasse des principes douteux, je voudrais moi qu'on cherchât jusqu'à la démonstration des Axiomes d'Euclide, comme quelques anciens l'ont fait. Et lorsqu'on demande le moyen de connaître et d'examiner les principes innés, je réponds qu'il faut tâcher de les réduire aux premiers principes, c'est-à-dire aux Axiomes identiques ou immédiats par le moyen des définitions, qui ne sont autre chose qu'une expression distincte des idées[1].

La démonstration établit la certitude d'une proposition. Elle montre sa nécessité en la ramenant par enchaînement à la certitude d'une proposition déjà démontrée, à une définition ou à un axiome identique, en lui-même indémontrable. Or est strictement nécessaire ce dont le contraire est impossible ou ce dont le contraire implique contradiction. Et la nécessité même se fonde sur l'identité : nécessaire, pris absolument, veut dire identique. Le premier impossible c'est : A n'est pas A, ou A est non A (principe de contradiction); le premier nécessaire c'est : A est A (principe d'identité). À partir de là, on peut démontrer mêmes les énoncés les plus simples et évidents en le réduisant aux « axiomes » identiques qui ne peuvent l'être. Dans les *Nouveaux essais*, Leibniz propose, en modèle, la démonstration de $2 + 2 = 4$[2].

---

1. G. W. Leibniz, *Nouveaux essais*, I, 2, § 22, Paris, GF-Flammarion, 1990, p. 79. *Cf.* aussi la *Lettre à Conring* de 1678, Paris, Aubier Montaigne, 1972, p. 121-122.

2. G. W. Leibniz, *Nouveaux essais sur l'entendement humain*, IV, 7, § 10, *op. cit.*, p. 326. Cette démonstration a été souvent commentée, notamment par G. Frege et par H. Poincaré (*La science et l'hypothèse*, p. 33 *sq.*). Pour une lecture détaillée du passage, *cf.* M. Fichant, *Science et métaphysique dans Descartes et Leibniz, op. cit.*

Il faut distinguer, parmi les axiomes, les secondaires et les primitifs qui sont principes pour autant qu'ils sont indémontrables et se réduisent aux principes de contradiction et d'identité. Ces principes sont des schémas d'axiomes en quelque sorte, c'est-à-dire des règles métathéoriques qui affirment la vérité ou la fausseté des propositions. En outre, il y a identité entre les deux principes – et même avec le 3ᵉ principe dit de bivalence. On peut dire d'un côté que le principe d'identité est le principe auquel se ramènent la contradiction et la bivalence : si A = A, alors A ne peut pas être non A. Inversement, le principe de contradiction contient le principe d'identité : il affirme que si A et non A ne peuvent être en même temps vrais (formellement : *non à la fois p et non p*), que les propositions identiques sont vraies (p = p, non p = non p) ou que les négations des identiques sont fausses. Et il contient le principe de bivalence : toute proposition est soit vraie soit fausse (*p ou non p*). Par la double négation et les lois de Morgan[1] on peut établir que : *non à la fois p et non p = non p ou p*. Deux propositions contradictoires ne peuvent être ni vraies (principe de contradiction) ni fausses en même temps, c'est-à-dire que l'une est vraie et l'autre fausse. Le principe commande ici non pas la nécessité de l'identité ou l'impossibilité, mais la nécessité de la bivalence ou l'impossibilité d'un troisième terme (*tertium non datur*).

A = A est le modèle de toute vérité. En fait il y a deux types de propositions analytiques : la proposition où le sujet et l'attribut sont réciproquables et la proposition où le prédicat est contenu dans le sujet. Par exemple soit : un

---

1. La négation de conjonction de deux propositions équivaut à la disjonction des négations de deux propositions et, inversement, la négation de la disjonction de deux propositions est équivalente à la conjonction des négations de deux propositions.

triangle est un triangle (A=A) ; soit un triangle a 3 côtés
(B est inclus dans la notion de A : je ne peux concevoir
(sans contradiction) un triangle et le contraire de « trois
côtés »). Dans les deux cas, la proposition est vraie parce
que c'est une proposition analytique : on ne risque jamais
de se tromper en affirmant qu'une chose est elle-même ou
qu'elle possède une propriété qui lui appartient nécessairement. C'est ce qui conduit Leibniz à tirer toute une
métaphysique d'un modèle de proposition : si toute proposition analytique est nécessairement vraie, toute proposition vraie est nécessairement analytique.

Mais comment passe-t-on du principe d'identité (et/
ou de contradiction) – toute proposition analytique est
vraie – à la thèse : toute espèce de vérité est analytique
(toute proposition vraie est nécessairement analytique) – ce
qui implique de traiter tout prédicat comme s'il s'agissait
du sujet ou d'un attribut nécessaire du sujet ? Est-il aussi
vrai au même titre que A est x et que A est A ? Pour établir
que toute proposition vraie sans exception est analytique,
il faut supposer et recourir à un autre principe que le principe d'identité (et/ou de contradiction) : le principe de
raison suffisante. Tout doit avoir une raison pour laquelle
il se produit et cette raison est contenue dans la notion du
sujet.

Leibniz évoque toujours ces deux principes comme les
deux grands principes de la raison.

> 31. Nos raisonnements sont fondés sur deux grands
> principes, celui de la contradiction, en vertu duquel nous
> jugeons faux ce qui en enveloppe, et vrai ce qui est opposé
> ou contradictoire au faux.

> 32. Et celui de la raison suffisante, en vertu duquel nous
> considérons qu'aucun fait ne saurait se trouver vrai ou

existant, aucune énonciation véritable, sans qu'il y ait une raison suffisante pourquoi il en soit ainsi et non pas autrement, quoique ces raisons, le plus souvent, ne puissent point nous être connues [1].

Si tous les raisonnements sont fondés sur ces deux principes, c'est que la raison ne peut se passer ni de l'un ni de l'autre, sans que l'un ne fonde l'autre (Wolff). Cette double racine de la raison correspond largement à la manière ordinaire dont Leibniz présente le partage de compétence des principes. Le principe de contradiction commande les mathématiques, le principe de raison suffisante commande la métaphysique, la théologie naturelle, la physique.

Le grand fondement des mathématiques est le principe de la contradiction ou de l'identité, c'est-à-dire qu'une énonciation ne saurait être vraie et fausse en même temps ; et qu'ainsi A est A, et ne saurait être non A. Et ce seul principe suffit pour démontrer toute l'arithmétique et toute la géométrie, c'est-à-dire tous les principes mathématiques. Mais pour passer de la mathématique à la physique, il faut encore un autre principe, comme j'ai remarqué dans ma Théodicée ; c'est le principe de raison suffisante ; c'est que rien n'arrive, sans qu'il y ait une raison pourquoi cela est ainsi qu'autrement [2].

Pour passer du possible au réel, la raison doit s'appuyer sur le principe auxiliaire de raison suffisante. Le principe de contradiction porte sur les essences ou sur le possible : le principe de raison suffisante porte sur les faits ou sur l'existence et le réel. La raison raisonne selon deux principes,

---

1. G. W. Leibniz, *La Monadologie*, § 31-32, Paris, Aubier, 1972, p. 400-401

2. G. W. Leibniz, *Lettre à Clarke de novembre 1715,* Paris, Aubier, 1972, p. 411.

selon qu'elle traite des vérités de raison ou des vérités de fait[1].

Les vérités strictement nécessaires sont régies par le principe de contradiction tandis que les vérités de fait, par définition contingentes – car le contraire d'un fait est possible ou non impossible ou n'implique pas contradiction – le sont par le principe de raison suffisante. On objectera peut-être que la contingence s'accorde mal avec la vérité : n'est vrai que ce qui est nécessaire, c'est-à-dire identique ou non contradictoire. Mais précisément, il y a une rationalité et une vérité du contingent que justifie précisément le principe de raison suffisante. Autrement dit, c'est le principe de raison suffisante qui dévoile la forme analytique des vérités contingentes, maintenant le « principe » de l'analyticité de la vérité, y compris pour les faits. En effet, la différence pertinente n'est pas entre des vérités nécessaires qu'il est possible de ramener à des propositions identiques ($A = A$) et des vérités contingentes qui seraient des simili-vérités parce que cette réduction est impossible, mais entre des vérités où la réduction des propositions complexes à des propositions identiques est possible à une analyse finie (vérités de raison) et des vérités où cette réduction est possible seulement à une analyse infinie (vérités de fait).

C'est pourquoi, les deux principes se croisent en dépit des différences de leur domaine. Sans doute, d'un côté, on peut soutenir une priorité du principe de contradiction et du principe d'identité, puisqu'ils révèlent la forme analytique de la vérité : la vérité c'est la nécessité, c'est-à-dire l'identité ; et de l'autre, le principe de raison suffisante peut revendiquer une même priorité puisqu'il est indis-

1. *Cf.* G. W. Leibniz, *Monadologie*, § 33-35, *op. cit.,* p. 401.

pensable à l'intelligibilité du réel et des existences. D'ailleurs Leibniz aime à le présenter spécifiquement comme « le grand principe » (*principium grande*). Qu'est-ce qui fait cette grandeur du principe de raison suffisante ?

De fait, contrairement à sa présentation du premier principe, Leibniz distingue nettement pour le principe de raison suffisante le plan de l'être et celui de la connaissance[1] : aucun fait ne peut être réel ou vrai sans une raison suffisante. Rien n'est réel, et non simplement possible, s'il n'a une raison suffisante d'être. Mais aux § 33 et 35 de la *Monadologie* Leibniz laisse entendre que le principe de raison suffisante s'applique aux deux types de vérité, donc aussi aux nécessaires, en tant que des éléments simples en constituent les « raisons primitives ». En mathématiques, on remonte à des idées simples, à des principes primitifs[2], qui sont évidents par eux-mêmes, et à ce que le § 35 appelle des « énonciations identiques ». Autrement dit, les deux principes se combinent pour les deux types de vérités mais dans un ordre opposé. Pour les vérités nécessaires, le principe de raison suffisante intervient pour rechercher les éléments primitifs ou les raisons primitives d'un raisonnement et examiner s'ils ne sont pas contradictoires. Inversement pour les vérités de fait[3], il faut appliquer d'abord le principe de contradiction (si un fait est contradictoire, il n'existe pas) et ensuite le principe de raison suffisante pour remonter aux causes du fait, car une vérité

1. Nous suivons les analyses de J. Rivelaygue, *Leçons de métaphysique allemande*, I, Paris, Grasset, 1990, p. 46-50 ; *cf.* la note du § 33 de la *Monadologie* par É. Boutroux, dans son édition, Paris, Delagrave, 1978, p. 159.

2. G. W. Leibniz, *Monadologie*, *op. cit.*, § 34.

3. *Ibid.*, § 36.

n'est pas suffisamment déterminée si l'on montre simplement qu'elle est non contradictoire.

Évidemment, la raison ne jouit pas des mêmes aptitudes dans les deux cas : il est facile d'appliquer le principe de raison suffisante aux vérités nécessaires, alors que c'est beaucoup plus complexe pour les vérités de fait. Pour les vérités nécessaires, il est souvent possible de les décomposer en éléments simples qui en sont les raisons suffisantes. Dans le cas des vérités de fait, c'est difficile voire impossible : l'analyse des raisons est engagée dans une analyse infinie. Mais précisément le principe de raison assure la raison qu'il y a des raisons suffisantes y compris pour les existences.

Mais si les deux principes se croisent, comment s'organisent-ils ? Les principes formels (le principe d'identité, le principe de contradiction, le principe de bivalence ou du tiers exclu) forment système : l'identité ($p = p$; *non p = non p*) fonde la non-contradiction (*p et non p* est faux). La non-contradiction se ramène à l'identité. Mais au fond, comme déjà mentionné, les deux principes expriment de deux manières la vérité ($p=p$ V, *p et non p* F), et l'on peut par le jeu de la double négation (et des lois de Morgan) déduire le principe de bivalence du principe de contradiction (*non (p et non p) = non p ou p*). Pour Leibniz ce principe de contradiction est absolument primitif : il commande toute connaissance possible « puisqu'autrement il n'y aurait point de différence entre la vérité et la fausseté ; et que toutes les recherches cesseraient d'abord, s'il était indifférent de dire oui ou non ». Autrement dit le principe de contradiction fonde la vérité elle-même, c'est-à-dire la différence entre le vrai et le faux.

Mais le principe de raison, de son côté, tient sous son commandement d'autres principes qui en sont les applications variées à des objets différents. Le principe de raison est présenté par Leibniz à la fois comme un principe commun et comme un « très grand et très noble » principe. Il est noble parce que c'est le principe impliqué dans toutes les démarches actives de la raison pour rendre le réel intelligible. Aussi est-il présupposé par les autres principes (à l'exception du principe de contradiction). Le principe de raison suffisante est commun parce qu'il a l'autorité sur les raisonnements en métaphysique, en physique et en morale.

Notamment toute la métaphysique repose sur lui, c'est-à-dire le dépassement de la physique vers la métaphysique[1]. Pourquoi y a-t-il quelque chose plutôt que rien, c'est-à-dire pourquoi existe-t-il quelque chose et non pas rien ? Pourquoi l'existence et non le néant ? L'existence est un fait. Le fait de l'existence est quelque chose de plus que le simple possible. Ou encore, rien plutôt que quelque chose était également possible. Le passage du possible à l'existence demande à être justifié. Le réel est moins simple que le possible et doit recevoir une raison. Tout roule autour du possible : le néant était possible, comme son contraire ; le néant était plus simple que son contraire car si le néant est sans raison, c'est le contraire pour son contraire ; donc pourquoi y a-t-il quelque chose ? La métaphysique respire l'air du possible. Pourquoi x plutôt que non x, pourquoi $A(x)$ plutôt que $B(x)$, pourquoi $A'(x)$ plutôt que $A(x)$? Le possible suture les deux bords, rationaliste (enquête sur les principes) et existentiel (pourquoi suis-je moi, plutôt qu'un autre ? pourquoi suis-je né ici plutôt qu'ailleurs, à cette époque plutôt qu'une autre ?), de la métaphysique. Si la question « pourquoi » (ou plus précisément « pourquoi plutôt que ») est la question métaphysique par excellence c'est parce qu'elle est la question radicale dans l'ordre des existences. Cela n'a pas de sens de demander pourquoi le triangle (pourquoi le triangle plutôt que le non-triangle) et encore plus absurde de se demander pourquoi trois angles plutôt que quatre. En revanche, de tout ce qui existe, on peut se demander pourquoi il existe, c'est-à-dire à la fois, ontologiquement, pourquoi il existe plutôt que non, et ontiquement ou modalement pourquoi ainsi plutôt qu'autrement.

Le monde existe. Le fait qu'il existe n'est pas sa raison, pas plus que ce qui existe dans le monde. Ni le monde ni l'intramondain ne peuvent fournir la raison de l'existence contingente du monde. L'état présent du monde ne s'explique pas par un état précédent car la question : pourquoi existe-t-il ? subsiste toujours. Mais puisqu'aucun fait ne peut rendre raison ni de lui-même ni d'un autre fait, même s'il en est la cause prochaine, si chaque fait enveloppe une infinité de détails qui ont

> encore besoin d'une analyse semblable pour en rendre raison, on n'est pas plus avancé : et il faut que la raison suffisante ou dernière soit hors de la suite ou séries de ce détail des contingences, quelqu'infini qu'il pourrait être[1].

Seule une raison dernière est la raison suffisante du contingent. Mais la « dernière raison des choses » doit être extra-mondaine, hors-série et, finalement, consister « dans une substance nécessaire » c'est-à-dire Dieu – et la raison suffisante fondant tout le détail du contingent, « lequel est lié par tout »[2] établit en même temps l'unicité de Dieu. Dieu ou un Dieu unique est la raison suffisante de tout ce

---

1. G. W. Leibniz, *Monadologie*, § 37, *op. cit.,* p. 401.
2. *Ibid.*, § 39, p. 401.

qui existe. Donc la contingence du monde prouve Dieu (preuve *a contingentia mundi*). Inversement, le principe de raison suffisante fonde et sauve la contingence du monde.

Mais le même principe de raison suffisante qui fonde en et par Dieu l'existence contingente du monde, permet de rendre raison du choix par Dieu de ce monde-ci. Le monde était possible s'il existe. Mais il était possible parmi une infinité d'autres. Or Dieu ne peut avoir choisi d'actualiser ce monde possible sans raison. Ici le principe de raison prend la forme du principe du meilleur : si Dieu a choisi de créer ce monde parmi une infinité d'autres possibles, c'est pour la raison qu'il était le meilleur de tous. Et la raison de ce meilleur est une plus grande somme de perfections. Autrement dit, un être infiniment sage comme toute raison doit supposer qu'est nécessairement Dieu, a suivi dans son libre décret de créer le monde tel qu'il est (ce monde et ainsi plutôt qu'autrement), la raison du meilleur ou de plus grande perfection possible parmi tous les mondes possibles.

> La vraie raison pourquoi ces choses-ci existent plutôt que celles-là, doit être tirée des libres décrets de la volonté divine, dont le premier est qu'il veut agir en tout le mieux possible comme il convient à un être souverainement sage [1].

Mais si rien n'est sans raison, alors la volonté n'est pas la cause libre de son action. Le libre arbitre comme liberté d'indifférence est une fiction. Tous les choix libres ont une raison, même si elle n'est pas aperçue.

---

1. G. W. Leibniz, « *Specimen invotorum de admirandis naturae Generalis arcanis* », *Philosophische Schriften*, Gerhardt, VII, p. 303, réimpr. G. Olm, 1965.

Il ne faut pas s'imaginer que notre liberté consiste dans une indétermination ou dans une indifférence d'équilibre, comme s'il fallait être également incliné du côté du oui et du non, et du côté des différents partis, lorsqu'il y en a plusieurs à prendre. Cet équilibre en tous sens est impossible[1].

Ainsi la grandeur du principe de raison se mesure à sa puissance d'intelligibilité et à son caractère dominateur en métaphysique.

Appliqué à Dieu, ce principe fonde la preuve ontologique car elle revient à dire que Dieu a en lui-même sa raison d'être, et donc qu'il existe nécessairement. Et il fournit matière à une autre preuve de l'existence de Dieu : le monde ne peut être sans raison, et Dieu apparaît comme l'ultime raison des choses. Appliqué à la création, ce principe entraîne l'optimisme : le monde serait sans raison s'il n'était pas le meilleur possible. Appliqué à la liberté, il entraîne le rejet de la liberté d'indifférence, qui poserait des actes qui n'aurait pas de raison ou de motif[2].

Mais il s'applique encore à l'individuation des substances. Un maximum de richesse dans le monde implique un maximum de différences, irréductibles aux positions dans l'espace et dans le temps. Le principe de raison suffisante conduit donc la raison à poser le principe des indiscernables.

Vertu inestimable du principe de raison : tout le réel est, en principe, rationnel. Mais aussi tourment du système leibnizien. Rien n'est sans raison, ni les substances, ni les propriétés, ni les modalités. Tout le mobilier métaphysique

1. G. W. Leibniz, *Essais de théodicée*, § 35, Paris, GF-Flammarion, 1969.

2. R. Bouveresse *Leibniz*, Paris,« Que sais-je ? », Paris, P.U.F., 1997, p. 63.

du monde est soumis à son commandement. Tout possède une raison suffisante de son existence, raison déterminante non nécessaire puisque le contraire est possible. César n'a pas franchi le Rubicon sans raison (la liberté est rationnelle), mais il n'était pas nécessaire qu'il le fasse (la rationalité préserve la liberté). Mais si la notion complète de César contient toute la série de ses prédicats, et même si Leibniz précise [1] que la connexion sujet/prédicats n'est pas nécessaire puisqu'elle suppose le libre décret de Dieu qui ne regarde pas au particulier, mais seulement à la compossibilité des substances pour le meilleur, ne peut-on pas supposer néanmoins que pour Dieu le principe de contradiction s'applique sans réserve. Une autre action de César était possible (la liberté humaine est préservée), mais c'eut été (pour) un autre César. Et Dieu qui n'a pas choisi sans raison ce César (avec le franchissement du Rubicon) parmi tous les Césars possibles d'une infinité de mondes possibles, n'effectue-t-il pas le calcul identifiant César ou la notion de César avec l'intégralité de ses prédicats, de telle sorte que dans l'économie de ce monde-ci, il était absolument impossible que César ne franchisse pas le Rubicon ?

---

1. Cf. *Correspondance avec Arnauld*, Paris, Vrin, 1984.

LA DÉMONSTRATION DES PRINCIPES

Si le principe contient formellement la raison – elle existe à travers ses principes – il semble rationnel d'exiger d'elle qu'elle démontre ses principes. Le principe fonde le savoir. Mais un savoir peut-il être fondé si le principe ne prouve pas sa raison?

Pour Leibniz le principe de raison n'a pas plus besoin de preuve que le principe de contradiction :

> J'ai souvent défié les gens de m'apporter une instance contre ce grand principe, un exemple non contesté où il manque, mais on ne l'a jamais fait, et on ne le fera jamais[1].

Le principe de raison ne peut être pris en défaut parce qu'il structure la raison. C'est à peu près ce que disait déjà Descartes, sur le registre de la cause : il n'y a rien dont on ne puisse demander pourquoi il est, pas même Dieu. Dieu, principe de toutes choses, est encore soumis au principe de raison ou pris par la réquisition du principe de raison suffisante. La philosophie comme recherche des premières causes et des premiers principes culmine avec le concept onto-théo-logique de *causa sui*. Mais Dieu est-il le principe du principe de raison ou lui est-il soumis?

Le concept de *causa sui* ne va pas de soi. Déjà Descartes qui l'a introduit avant Spinoza dans la langue de la

1. *Correspondance Leibniz-Clarke,* Paris, P.U.F., 1957, p. 181.

métaphysique classique, se heurte aux objections de ses lecteurs théologiens (Caterus et Arnauld). Les scolastiques, Thomas d'Aquin en particulier[1], l'avaient rejeté en relevant sa contradiction (être en même temps cause et effet de soi). En outre la causalité (efficiente) pose nécessairement une distinction entre la cause et l'effet : ou bien une chose a une cause et alors la chose en diffère comme son effet ; ou bien la chose n'en diffère pas et alors elle ne possède pas de cause. Ainsi si Dieu devait être défini comme *causa sui*, on nierait sa simplicité et son unicité substantielle. Ou encore : être cause, c'est produire l'être ; être effet, c'est recevoir l'être : il est donc impossible que le même être soit à la fois cause et effet de lui-même. Il est absurde de supposer qu'une chose reçoive l'être et le possède déjà avant de le recevoir[2]. C'est pourquoi la scolastique suspend le vocabulaire de la cause devant l'absolu divin : Dieu est la cause première, c'est-à-dire l'être qui est sans cause. « Dieu n'a aucune cause, puisqu'il est première cause efficiente »[3]. Dieu est *ex se vel a se* et non à partir d'autre chose : sinon il ne serait pas la cause efficiente première. Descartes note au passage la prudence scolastique à propos de la Trinité :

> Je sais que nos théologiens, traitant des choses divines, ne se servent point du nom de cause, lorsqu'il s'agit de la procession des personnes de la très sainte Trinité, et que là où les Grecs ont mis indifféremment αἴτιον et ἀρχὴν, ils aiment mieux user du seul nom de principe, comme très général, de peur que de là ils ne donnent occasion de juger que le Fils est moindre que le Père[4].

1. Th. d'Aquin, *Somme théologique*, Ia, q. 2, a. 3, Paris, Cerf, 1984.
2. *Cf.* Arnauld à Descartes, *Quatrièmes objections*, AT, IX, *op. cit.*
3. Th. d'Aquin, *Somme théologique*, Ia, q. 3, a. 7.
4. R. Descartes, *Réponses aux Quatrièmes objections*, AT, IX, *op. cit.*, p. 184.

Mais cette « aséité » ne doit pas être interprétée en terme causal, sous peine d'introduire en Dieu la dépendance de toute relation causale et, avec elle, l'indignité de l'effet. Il faut donc s'en tenir à une compréhension négative de l'aséité : être par soi signifie être sans cause. Comme le dit Jean-Luc Marion :

> Dieu inaugurant la causalité efficiente, la précède et s'y soustrait ; son essence est certes par elle-même (*a se*) ; mais c'est à condition de ne pas exercer sur elle-même la dépendance qu'implique toute relation de cause à effet[1].

La pensée de Descartes est hardie et la nouveauté du concept de *causa sui* marque sans doute aussi à sa façon l'instauration de la métaphysique moderne. En effet, la modernité consiste à faire du principe de causalité un principe universel d'intelligibilité. La raison « dicte », comme le dit Descartes dans ses *Réponses aux premières objections*, que la principale propriété de la causalité n'est pas l'antériorité de la cause sur l'effet, mais l'efficience de la cause – qu'il n'est pas nécessaire de concevoir comme antérieur à son effet : dans une physique et une métaphysique de l'actualité, la cause peut être contemporaine de l'effet. Ainsi la raison

> dicte qu'il n'y a aucune chose de laquelle il ne soit loisible de demander pourquoi elle existe [...], ou bien, si elle n'en a point, demander pourquoi elle n'en a pas besoin ; de sorte que, si je pensais qu'aucune chose ne peut en quelque façon être, à l'égard de soi-même, ce que la cause efficiente est à l'égard de son effet, tant s'en faut que de là je voulusse conclure qu'il y a une première cause, qu'au contraire de celle-là même qu'on appellerait première, je

---

1. J.-L. Marion, *Sur la théologie blanche de Descartes*, Paris, P.U.F., 1981, p. 434-435.

rechercherais derechef la cause et ainsi je ne viendrais jamais à une première[1].

Une cause première est une cause à laquelle la question de savoir de quelle cause efficiente elle est l'effet ne se pose plus, ce qui n'est possible que si l'on admet qu'elle est cause efficiente d'elle-même. Seul le concept de *causa sui* peut fonder la régression des causes dans une cause première. La raison soumet Dieu lui-même à la juridiction du principe de causalité. Il est applicable univoquement à tous les niveaux de l'être. Il ne s'agit pas de penser le principe de causalité à partir de Dieu (Dieu est la cause première, le modèle de toute cause) mais Dieu à partir du principe de causalité. La causalité efficiente, qui est la seule et vraie causalité, précède et rend possible toute connaissance. Elle constitue un « dictat de la raison »[2] qui s'applique universellement, donc aussi à Dieu, mais à son profit pour la preuve de son existence.

> Dieu en personne doit se soumettre, s'il veut exister, à l'enquête s'il veut exister, à l'enquête sur la cause efficiente. Pour atteindre à l'existence de Dieu, il faut le soumettre à l'instance qui régit toute existence et la rend intelligible – la causalité. Dieu n'entre dans l'existence qu'en rentrant dans le rang : car il entre dans l'existence de la même façon que tous les autres étants, par la considération de la cause[3].

Dieu n'est pas l'être délié de la causalité efficiente (aseité négative), mais il n'existe et n'est intelligible, comme tout étant, que par sa soumission au principe de causalité. La

---

1. R. Descartes, *Réponses aux Premières objections*, AT, IX, Paris, Vrin, 1996, p. 86.

2. J.-L. Marion, *Sur la théologie blanche de Descartes*, Paris, P.U.F., 1981, p. 429.

3. *Ibid.*, p. 430.

causalité ne se borne pas à telle ou telle cause, mais constitue l'horizon tout entier de la rationalité. Tout être pour être connu doit

> décliner son identité en déclinant ce qui l'assure, la *causa sive ratio*. […] L'essence de la causalité consiste dans la *ratio* rendue, plus que dans l'efficience[1].

Ou alors, l'essence de la causalité n'est pas dans la séquence temporelle de la cause et de l'effet, mais dans la relation de production de l'effet par la cause. Que la causalité soit envisagée au niveau des choses finies ou en Dieu même, il s'agit toujours fondamentalement d'une production : la cause première n'a plus la « nécessité statique d'une essence » mais elle est saisie comme une « relation dynamique de causalité »[2]. Pour Thomas d'Aquin, le principe de causalité ne pouvait être universel : sa validité de principe dans l'ordre des choses finies suppose une exception à son fondement même : l'enchaînement des causes et des effets remonte à une cause première, c'est-à-dire une cause qui, pour être première, doit être pensée comme dépourvue de toute cause. En raisonnant selon l'expérience, on observe des causes efficientes distinctes de leurs effets, et c'est pourquoi une cause efficiente de soi est absurde. Au contraire, Descartes raisonne selon l'exigence strictement intellectuelle du principe de causalité. C'est une évidence rationnelle que tout a une cause de son existence et de sa nature. Et il est également rationnel que le principe de causalité possède une valeur absolument universelle. Là où, chez Thomas d'Aquin, la vérité du principe de causalité était suspendue à l'exception ontologique de Dieu comme

---

1. J.-L. Marion, *Sur la théologie blanche de Descartes*, *op. cit.*, p. 431.
2. É. Gilson, *Études sur le rôle de la pensée médiévale dans la formation du système cartésien,* Paris, Vrin, 1984, p. 226.

cause première ou cause sans cause, ou encore là où le principe de causalité était soumis à une nécessité extrinsèque à sa rationalité consistant à devoir s'arrêter quelque part dans la régression causale (le traditionnel *anankè stènai* d'Aristote), c'est l'intelligibilité de la cause première qui est, chez Descartes, suspendue à la causalité. Le principe de causalité, principe rationnel par excellence, domine le fondement ontologique (Dieu). La raison ne peut sans renoncer à ses droits, renoncer à rechercher la cause de toute chose, y compris Dieu. C'est évidemment un autre Dieu, une autre métaphysique qui sont à l'œuvre. En introduisant le dynamisme en Dieu, en saisissant l'essence de Dieu par le processus de la causalité, c'est déjà un peu Spinoza qui s'annonce, même si les réponses de Descartes, dans les *Premières* et surtout les *Quatrièmes*, restent prudentes et embarrassées, comparativement à l'*Éthique*.

Cependant dans son effort pour fonder le principe, la raison est à la peine. Quelle est la raison du principe de raison ? Le principe de raison ne peut échapper à sa propre réquisition. Mais ou bien le principe de raison s'excepte de lui-même : le principe de raison est sans raison, il est à lui-même sa propre exception, ce qui serait contradictoire. Ou le principe de raison a une raison, avec le risque de la régression à l'infini. Le scepticisme antique nous a habitués à confondre la raison dans sa recherche des principes[1]. Comme dit Heidegger, le principe de raison est le guide familier de la pensée, mais dès qu'elle y pense, elle tombe dans « un abîme sans fond »[2]. La perspective épistémologique n'échappe pas à ce qui attend la pensée à l'approche

---

1. Cf. *infra*, « Suspendre la recherche des principes », p. 178.
2. M. Heidegger, *Le principe de raison*, Paris, Tel-Gallimard, 1962, p. 63.

ontologique : la région des principes est d'un abord difficile
où l'évidence le dispute au paradoxe.

> Est-ce que par hasard le principe suprême inclurait le
> paradoxe se proposant à nous ? Serait-il un principe qui
> ne nous laisse absolument aucun repos, qui toujours attire
> et repousse, et redevient toujours inintelligible, si souvent
> qu'on l'ait déjà compris ? Qui sans cesse aiguillonne notre
> activité – sans jamais la fatiguer, sans jamais devenir
> habituel ? Suivant d'anciennes légendes mystiques, Dieu
> est, pour les esprits, quelque chose de semblable [1].

Comme le redoute le sceptique, le principe ne laisse pas
en repos.

C'est pourquoi la tentation est forte de fonder en Dieu
le principe de raison ou le principe de causalité. Mais alors
la métaphysique court le risque de confondre un principe
formel et un principe réel, ou de s'illusionner sur le pouvoir
explicatif du principe : fonder le principe de raison suffisante cela revient à définir le principe ou la raison ultime
comme un étant dont la perfection est d'être la cause ou
la raison de son être.

Revient donc toujours la même difficulté : le principe
est ce à partir de quoi la raison déploie sa puissance
démonstrative et la science, mais le principe est indémontrable. En un sens, l'indémontrabilité est la marque
distinctive du principe véritable. Tout se passe comme si
le négatif constituait toujours l'affirmation soit de la « principialité » du principe (métaphysique) soit de la priorité
des principes (axiomes). Le Principe est in-effable ou
in-dicible : les principes sont in-démontrables. Et comme
dans la démarche apophatique, peut-être l'indémontrabilité
n'est-elle pas pour le principe une privation mais son

---

1. Novalis cité par M. Heidegger, dans *ibid.,* p. 63.

essence. Il y a comme une solitude principielle du principe qui l'affranchit de ce qui dépend de lui, comme l'écart d'un Orient par rapport à tout Occident.

Le principe est vrai et tellement vrai que sur lui reposent toute vérité et toute démonstration de la vérité. Mais cette priorité dans la vérité l'excepte des procédures ordinaires de la vérité. On ne prouve pas la vérité d'un principe par un fait. Le fait est singulier, contingent, le principe universel et nécessaire. Un fait ne peut avoir raison contre un principe. C'est le contraire : le principe a en droit toujours raison contre les faits, puisque c'est de lui qu'ils tirent leur intelligibilité. Le principe est de nature rationnelle et non empirique. L'expérience ne permet pas d'établir des principes – un principe empirique est une contradiction dans les termes : un principe n'est pas connu par induction, mais il se déduit de la raison elle-même, soit qu'on l'assimile à une idée innée (vérité première) ou à une règle *a priori*. Le principe désigne précisément ce qui est pris en premier (*id quod primum cepit*). La différence entre l'empirisme et le rationalisme se fait là : l'expérience est ce qui vient en premier (empirisme), ce qui vient immédiatement n'est pas premier (rationalisme).

Pourtant on ne prouve pas la vérité d'un principe, du moins d'un principe primitif, par démonstration. La vérité d'un principe s'impose par elle-même : le principe est un axiome indémontrable, donc évident par lui-même. Tout le monde en tombe d'accord. Mais outre que la conclusion est décevante, face à l'évidence, tous les principes ne sont pas à égalité. Le principe de raison suffisante en tant qu'il pose pour toute chose l'exigence d'une raison partage-t-il la même évidence « axiomatique » que le principe de contradiction ou exprime-t-il un acte de la raison ?

Le principe de raison est une proposition sur le fond (*ratio* se traduit par *Grund* en allemand), alors que le principe de contradiction est une proposition sur la forme de tout énoncé. M. Heidegger rappelle la définition du principe par Wolff dans son *Ontologie* (§ 70) : *principium dicitur id, quod in se continet rationem alterius*, qui lui sert à retraduire le principe de raison suffisante : « la *ratio rationis* : le fond du fond, la raison de la raison » [1]. Il souligne que la formulation savante du principe de raison n'est pas : *nihil est sine causa*, pas même : *nihil est sine ratio* mais : *principium reddendæ rationis*. La raison requiert que chaque chose lui soit rendue comme la conséquence d'une raison qui en constitue le fond. Le principe de raison ne requiert aucun effort pour être compris. *Nihil est sine ratione* s'entend sans peine. D'où vient cette facilité, d'autant plus surprenante que, comme le faisait remarquer Schopenhauer dans sa dissertation de jeunesse (1813) *De la quadruple racine du principe de raison suffisante*, il a fallu attendre le XVIe siècle pour que le « grand principe de la raison » soit énoncé explicitement ? Heidegger fait le même constat :

> C'est Leibniz qui, pour la première fois, a exposé en le formulant le principe de raison comme un principe fondamental de toute connaissance et de toute science. Il le proclame avec beaucoup de pompe en maints endroits de ses ouvrages en affectant un air important et en faisant comme s'il venait de l'inventer ; cependant, il ne sait rien en dire de plus si ce n'est que, toujours, chaque chose sans exception doit avoir une raison suffisante d'être telle qu'elle est et non pas autrement ; ce qui cependant devait bien être, avant lui, de notoriété publique [2].

La raison se reconnaît elle-même dans ce principe, c'est-à-dire dans son exigence à demander de toute chose

---

1. M. Heidegger, *Le principe de raison*, *op. cit.*, p. 64-65.
2. M. Heidegger, *Le principe de raison*, *op. cit.*, texte de 4e de couverture.

la raison. Tout ce qui est est, pour elle, l'objet d'une question sur sa raison d'être. La pensée ne peut pas accueillir l'être dans sa simple manifestation sans soumettre cette donation à la question de la raison. C'est ce que révèle mieux la traduction positive de la formulation doublement négative du principe (*nihil/sine*) : « rien n'est sans raison » équivaut en effet à « tout ce qui est, a une raison ». Une chose n'existe qu'à partir de sa raison : son être se fonde sur sa raison. Tout être a une raison, c'est-à-dire la raison impose à tout être d'être la conséquence d'une raison qui lui fournit sa consistance et comme son laisser-passer à l'existence. Le principe de raison ne fait alors que formuler l'essence même de la raison – du moins, selon l'interprétation heideggerienne, de la raison moderne, c'est-à-dire non pas la raison entendue originairement comme *logos* (ce qui rassemble et recueille (*legein*), faisant signe vers la co-appartenance de la raison et de l'être), mais au sens de la métaphysique moderne qui exige de chaque chose qu'elle « rende » raison. *Principium rationis* signifie donc : *principium reddendæ rationis* – ce qui donne prise à la raison pensée désormais comme puissance de calcul et de maîtrise technique du monde (Heidegger).

Finalement, y a-t-il vraiment une preuve du principe de raison suffisante ? Est-il rationnel de poser que rien n'est sans raison, sinon par pétition de principe ? On peut dire que tout a une cause nécessaire sans refermer la causalité dans une raison suffisante. Tout ce qui est a une cause mais il est impossible de démontrer que tout a une raison. Ou alors cet énoncé est comme une sorte de commandement que la raison adresse à l'ensemble de l'être (tout étant doit avoir une raison). Le principe commande les faits parce qu'il obéit au commandement de la raison qui intime d'identifier l'être et le fondement : à l'être appartient le fondement ou la raison (*Grund*) qui justifie l'existence de l'étant. L'évidence du principe de raison ne serait, somme toute, rien d'autre que la reconnaissance par la raison de son essence : « la raison exige d'être rendue comme raison ». Et la familiarité dudit principe traduit simplement la manière dont la raison se représente l'étant.

Mais est-ce vraiment un défaut pour un principe de n'être pas démontrable ? Ou plutôt pareille demande insistante ne prouve-t-elle pas d'abord une incompréhension sur la nature d'un principe ? Comme dit Aristote, vouloir démontrer un principe n'est pas faire preuve d'intelligence mais d'un manque de *paideia*. Mais alors que peut la raison contre celui qui nie la validité du principe ? Aristote a précisément affronté cette difficulté à propos du principe de contradiction au livre G de la *Métaphysique*[1].

Le principe de contradiction qui énonce l'accord de la pensée avec elle-même pour tout discours valide, est toujours présenté par Aristote d'abord comme une loi de l'être. Le principe de contradiction est ontologique avant d'être logique :

> Il est impossible, pour une chose, d'être et de n'être pas en même temps [...][2]

Ou :

> Il y a, dans les êtres, un principe au sujet duquel on ne peut pas se tromper ... c'est qu'il n'est pas possible que la même chose, en un seul et même temps, soit et ne soit pas [...][3]

---

1. *Cf.* Aristote, *Métaphysique*, G, 3 ; G, 4 ; K, 5, Paris, Vrin, 1974.
2. *Ibid.*, G, 4, 1006a3-4 (*adunatou ontos ama einai kai mè einai*), p. 197.
3. Aristote, *Métaphysique*, K, 5, 1062a1-2 (*ou endechetai to auto kath'ena kai ton auton chronon einai kai mè einai*), *op. cit.*, p. 595.

C'est un principe de la pensée de l'être parce que c'est un principe de l'être.

Ensuite, parmi tous les axiomes, il est le principe le plus haut et le plus fondamental. Tous

> les axiomes embrassent l'universalité des êtres, et non pas tel genre particulier, à l'exclusion des autres. Et si tous les hommes se servent des axiomes, c'est parce que les axiomes appartiennent à l'être en tant qu'être [1].

Mais le principe de contradiction est en quelque sorte le plus universel de tous les principes et de tous les axiomes. Tous se ramènent à lui ou en supposent la vérité inconditionnelle. Aucune science n'est possible en dehors de lui :

> Il est évidemment impossible, pour le même esprit, de concevoir, en même temps, que la même chose est et n'est pas, car on se tromperait sur ce point. C'est la raison pour laquelle toute démonstration se ramène à ce principe comme à une ultime vérité, car il est, par nature, un point de départ, même pour les autres axiomes [2].

Notamment, c'est sur lui que repose le procédé indirect de démonstration, appelé par les Grecs « réduction à l'impossible » (*apagôgè eis to adunaton*), d'où sa dénomination de « raisonnement apagogique » : établir la vérité d'une proposition en démontrant qu'elle entraîne une conséquence connue comme fausse ou contraire à l'hypothèse de départ. On parle aussi du raisonnement par l'absurde quand on prouve qu'une proposition est vraie parce que sa contradictoire conduit à une impossibilité [3] : pour démontrer que la perpendiculaire est plus courte que tout

---

1. Aristote, *Métaphysique*, G, 3,1005a23-25, *op. cit*, p. 192.
2. *Ibid.*, G, 3, 1005b, 30-34, *op. cit.*, p. 196.
3. *Cf.* Aristote, *Premiers analytiques*, I, 23, 41a21*sq*, Paris, Vrin, 1983.

oblique, on démontre qu'il est absurde de supposer une oblique plus courte que la perpendiculaire. Le principe de contradiction est ici associé au tiers-exclu. Aristote ne distingue pas expressément le principe du tiers ou du milieu exclu, et le principe de contradiction[1]. Celui-là pose que deux propositions contradictoires (universelle affirmative, « tout A est B » et particulière négative, « quelque A n'est pas B ») ne peuvent être vraies ensemble. Et si on les oppose logiquement, en les supposant tour à tour vraie puis fausse, les inférences immédiates produites font voir que l'on peut conclure aussi bien du vrai au faux que du faux au vrai, c'est-à-dire qu'il n'y a pas de milieu ou de tiers.

Mais il n'est pas possible de prouver ou de démontrer ce principe, sans le présupposer. C'est le

> principe le plus ferme de tous … celui au sujet duquel il est impossible de se tromper : il est, en effet, nécessaire qu'un tel principe soit à la fois le mieux connu de tous les principes (car l'erreur porte toujours sur ce qu'on ne connaît pas) et inconditionné, car un principe dont la possession est nécessaire pour comprendre tout être quel qu'il soit, ne dépend pas d'un autre principe, et ce qu'il faut nécessairement connaître pour connaître tout être quel qu'il soit, il faut aussi le posséder nécessairement déjà avant toute connaissance[2].

Un principe, parce qu'il fait connaître, doit être plus connu que et antérieurement à ce qu'il fait connaître, ce qui est *a fortiori* le cas pour le principe le plus ferme, ou le plus certain. Contre ceux qui pensent que c'est précisément aux principes, et au premier chef au principe premier, qu'il appartient d'être prouvés, Aristote souligne qu'il ne faut

---

1. *Cf.* Aristote, *De l'interprétation* 7, 18a 7-12, Paris, Vrin, 1977.
2. Aristote, *Métaphysique*, G, 3, 1005b-15-18, *op. cit.*, p. 194.

pas exiger la démonstration partout, et que le réclamer témoigne d'une

> grossière ignorance : c'est se montrer parfaitement ignorant, en effet, que de ne pas distinguer entre ce qui a besoin de démonstration et ce qui n'en a pas besoin. Or il est absolument impossible de tout démontrer : on irait à l'infini (démontrer le principe du principe…), de telle sorte que, même ainsi, il n'y aurait pas de démonstration. Et s'il y a des vérités dont il ne faut pas chercher de démonstration, qu'on nous dise pour quel principe il le faut moins que pour celui-là ?[1].

Ce à partir de quoi il y a démonstration ne peut, sans contradiction, être objet de démonstration.

Pourtant si le principe de contradiction fonde la science (science démonstrative) sans être démontrable, comment le défendre contre ceux qui, comme les sophistes, le nient ? Aristote, en l'absence d'une démonstration en bonne et due forme, montre qu'en niant le principe on l'admet en fait – la négation du principe de contradiction n'étant possible qu'en paroles et non en pensée : « tout ce qu'on dit, on n'est pas obligé de le penser »[2] ; et que toutes les raisons alléguées pour le nier sont insuffisantes. Tout le nerf de l'argumentation d'Aristote porte sur l'intention de signification du locuteur chicaneur. Car il ne suffit pas de remarquer qu'en niant le principe de contradiction, l'adversaire se met en contradiction, puisqu'il refuse la vérité du principe de contradiction, c'est-à-dire qu'il tient la négation du principe pour vraie à l'exclusion de sa contradictoire (vérité du principe) – l'affirmation que le principe de contradiction est faux est nécessairement vraie.

---

1. Aristote, *Métaphysique*, G, 4, 1006a6-11, *op. cit.*, p. 196-197.
2. *Ibid.*, G, 3, 1005b25, *op. cit.*, p. 195.

Car, en réalité, c'est l'interlocuteur de l'adversaire du principe de contradiction qui opère la pétition de principe : c'est parce qu'on présuppose le principe de contradiction (la vérité du principe de contradiction) qu'on objecte la contradiction où tombe son négateur tenu d'assurer comme vrai l'énoncé que le principe de contradiction est faux. Si l'adversaire était dans la même disposition que lui, il ne nierait pas la validité du principe de contradiction.

Donc la réfutation doit être trouvée ailleurs, en l'occurrence dans la simple visée d'un énoncé doué de sens. Pour que le *logos* puisse dire quelque chose (accomplir sa visée de signification), il doit respecter le principe de contradiction. Il n'est demandé qu'une seule chose à l'adversaire du principe de contradiction : qu'il consente à dire quelque chose comme voulant dire quelque chose, c'est-à-dire qu'il entre dans le *logos*. Comme l'écrit P. Aubenque :

> Que les mots aient un sens, ce n'est pas une proposition parmi d'autres, mais la condition même de possibilité de tout discours. Aristote ne demande pas au sophiste de l'admettre comme principe (car le sophiste s'y refuserait, puisqu'il nie le principe de contradiction, ce principe des principes, par lequel seul un principe en général peut être posé) mais il suffit que le sophiste parle, car alors il témoigne, par l'exercice même de la parole (quel qu'en soit le contenu), de l'essence du discours, qui est la signification : témoignage en quelque sorte vital, qui reste en deçà de l'expression, mais qui suffira pour faire entrer le sophiste en conflit avec lui-même[1].

---

1. P. Aubenque, *Le problème de l'être chez Aristote*, *op. cit.*, p. 126, Paris, P.U.F., 1962.

Ici, la raison ne se superpose pas à la parole, comme si parole et raison étaient d'abord séparées et que leur unité soit forcée par un acte second ou par l'exigence logique. Au contraire, le rationnel se présuppose dans l'intention même du sens : le vrai (non-contradiction) a son fondement et sa possibilité dans la signification. De sorte que même si le principe de contradiction a une valeur ontologique, c'est bien comme condition de possibilité du langage (humain) qu'il est rencontré.

Mais, en réalité, il n'y a pas ici d'alternative (être ou langage) car on n'a jamais quitté le plan de l'être puisque le fondement de l'unité de dénomination est l'identité de l'essence :

> Quand je dis que *homme* signifie une seule chose, je veux dire ceci : si *homme* signifie *telle chose*, et si un être quelconque est homme, *telle chose* sera pour lui quiddité d'homme[1].

L'unité de signification (qui constitue le pôle de l'intention signifiante) du mot désigne l'essence une et toujours la même.

> La condition de possibilité de ce discours intérieur qu'est la pensée et de ce discours proféré qu'est le langage, c'est que les mots aient un sens défini ; et ce qui rend possible que les mots aient un sens défini, c'est que les choses aient une essence[2].

Que le sophiste donc prononce (ou pense intérieurement) le mot « homme » comme voulant dire quelque chose de précis (une seule chose), alors il est obligé d'admettre le principe de contradiction : dire « homme » implique de viser quelque chose de défini qui ne peut en même temps

---

1. Aristote, *Métaphysique*, G, 4, 1006a31-32, *op. cit.*, p. 201.
2. P. Aubenque, *Le problème de l'être chez Aristote*, *op. cit.* p. 129.

signifier « non homme », par exemple « trirème ». Nier le principe de contradiction, c'est renoncer à la prédication comme discours signifiant :

> Tous les êtres ne feront qu'un. Il y aura, en effet, identité entre une trirème, un rempart et un homme. […] S'il est vrai de dire de l'homme qu'il est non-homme, il est évidemment vrai de dire aussi qu'il est non-trirème. Si donc on accorde l'affirmation il faut nécessairement admettre aussi la négation. Et si on refuse d'attribuer l'affirmation au sujet, du moins doit-on admettre que la négation lui appartiendra plus que la négation du sujet lui-même ; si donc la négation du sujet lui-même est attribuée au sujet, la négation de la trirème lui sera aussi attribuée, et, si elle lui est attribuée, l'affirmation le sera aussi[1].

Si donc il est impossible de démontrer le principe de contradiction (sans le supposer et tomber dans une pétition de principe), du moins dispose-t-on d'une preuve indirecte par la réfutation de l'adversaire qui le nie[2]. De son côté, le philosophe polonais Jan Lukasiewicz pensait que malgré l'absence de preuve, le principe de contradiction possède une valeur éthique considérable, étant la seule arme contre l'erreur et le mensonge, ce qui suffit pour l'admettre : vérité pratique du principe indémontrable de toute vérité théorique.

---

1. *Ibid.*, G, 4, 100720-1008a2, *op. cit.*, p. 208-209.
2. J. Lukasiewicz, *Du principe de contradiction chez Aristote,* Paris, Les éditions de l'éclat, 2019.

LA DIFFÉRENCE NON PRINCIPIELLE
ENTRE L'ANALYTIQUE
ET LE SYNTHÉTIQUE

La dispute sur la validité des principes repose largement sur l'opposition entre l'analytique et le synthétique. Seuls les principes analytiques seraient certains et c'est parce que, dans le domaine des faits et de la pratique, les principes ne peuvent se ramener à la forme de l'analycité, que la raison ne disposerait jamais vraiment de principes incontestables. Mais la distinction entre l'analytique et le synthétique est-elle elle-même irréprochable ? W. V. O. Quine dans son célèbre essai : « Les deux dogmes de l'empirisme »[1] estime que la distinction analytique/synthétique et le réductionnisme (tout énoncé doué de sens est réductible à une construction logique à partir de l'expérience) sont deux croyances dont l'empirisme aurait intérêt à se débarrasser. Quine plaide donc pour un empirisme véritable c'est-à-dire sans dogme, qui s'applique à lui-même le principe empirique d'une révision des vérités.

En effet, la notion d'analycité est loin d'être aussi claire qu'il y paraît (notamment dans le cas des synonymes). Un énoncé analytique est, selon la définition qu'il privilégie,

---

1. W. V. O. Quine, « Deux dogmes de l'empirisme », dans *Du point de vue logique. Neuf essais logico-philosophiques*, Paris, Vrin, 2003

un énoncé vrai en fonction de la signification de ses termes et donc indépendamment des faits (expérience). Mais on peut distinguer deux séries d'énoncés analytiques : les énoncés analytiques logiques ou formels (si A alors A ; tous les A sont A ; aucun non-A n'est A) ; et les énoncés analytiques logico-sémantiques (tous les triangles ont trois côtés ; tous les corbeaux sont noirs ; les citoyens d'une démocratie ont le droit de vote). Or si dans le premier cas, la vérité repose sur le jeu des termes interchangeables parce que formellement identiques, dans le second, on discerne dans la série une perte du caractère d'analyticité. En principe, la vérité de ces énoncés n'exige pas de vérification : leur signification repose sur les relations sémantiques que les termes entretiennent *a priori* entre eux, en vertu de leur définition. Mais la vérité n'est plus aussi formelle et l'indépendance par rapport à l'expérience n'est plus aussi complète. Soit l'énoncé « tous les corbeaux sont noirs ». Supposons qu'on découvre un groupe d'oiseaux dont les individus présentent toutes les caractéristiques du corbeau à cette différence près qu'ils sont blancs, deux attitudes sont alors possibles. On peut déclarer que ces oiseaux ne sont pas des corbeaux – l'analyticité de l'énoncé est confirmé en se soustrayant à la constatation empirique. Mais cette décision n'est pas nécessaire, ou plutôt l'analyticité a cessé de valoir comme une évidence en faisant l'objet d'une décision. Aussi, et c'est la seconde option, peut-on revoir la définition du corbeau (la couleur n'est pas un « attribut essentiel »), mais alors l'énoncé prétendument analytique (nécessairement vrai) devient faux. Cette falsification a été l'effet d'une décision (accepter le fait) et d'une qualification (découverte de corbeaux blancs).

Ce que cette expérience de pensée entend prouver, c'est que la vérité des énoncés analytiques de ce type n'est pas garantie définitivement. Les énoncés analytiques ne sont pas prémunis contre une falsification : la non-vulnérabilité des énoncés analytiques n'est pas acquise absolument. Ils ne sont pas toujours et nécessairement vrais. L'empirique (fait) contamine la sémantique ; et inversement la sémantique contamine l'expérience (qualification). Les faits peuvent mordre sur les énoncés analytiques en impliquant des décisions sémantiques (qui supposent une interprétation à partir des faits). Ces énoncés se révèlent finalement ambigus et rendent incertaine l'opposition entre les énoncés analytiques et les énoncés synthétiques. Et par extension, ce sont peut-être tous les énoncés, la signification de tous les énoncés (même les plus formels) qui sont dépendants jusqu'à un certain point de faits et de décisions théoriques : les énoncés dits analytiques seraient conditionnés par les cas où ils s'appliquent.

On ne manque pas d'exemple d'axiomes relativisés ou révisés. Au plus simple, on sait que « le tout est plus grand que la partie » cesse d'être vrai pour les ensembles infinis. L'infini vient ainsi contredire ce qui passait depuis toujours pour un axiome de la raison (l'axiome 6 d'Euclide). Si l'on considère la suite des nombres entiers et la suite des nombres des carrés *n2* pour chaque entier *n* et si à chaque nombre *n*, on fait correspondre le nombre *n2*, on peut dire qu'il y a autant de carrés parfaits que de nombres entiers alors que tous les carrés ne représentent pas tous les entiers, c'est-à-dire que la partie (ensemble des carrés) est égale au tout (ensemble des nombres entiers)[1].

---

1. Suite *n* : 1, 2, 3, 4, … *n, (n+1)* …
   Suite *n2* : 2, 4, 9, 16, … *n2*, (n+1) *2* …

Inversement, les énoncés dits synthétiques suppose-raient toujours la médiation théorique et la qualification linguistique. Autrement dit, à l'opposé, les énoncés syn-thétiques ne sont pas vérifiés uniquement sur la base de l'expérience, comme il est généralement admis. Aucun fait n'est à lui-même sa propre preuve. Cette thèse prépare la critique du réductionnisme néo-positiviste. Contre le positivisme de l'empirisme logique il faut contester l'idée qu'un énoncé puisse avoir un sens et une vérité (en étant un énoncé de base) indépendamment de tout contexte linguistique et théorique. Ce qui veut dire que l'énoncé n'affronte jamais le tribunal de l'expérience de manière solitaire, isolément, mais toujours collectivement, comme un tout « organisé ». À l'horizon de cette critique, il y a la défense d'une conception holiste de la connaissance. L'observation n'est jamais passive, l'expérience n'est jamais pure de toute information symbolique. Il n'y a pas les faits sous le langage (ou un langage de l'expérience) mais la médiation du langage pour atteindre l'expérience. L'empirique est donc toujours déjà marqué par l'analytique (et inversement). Quine rejoint ici la conception holiste du physicien, épistémologue et historien des sciences P. Duhem. Dans *La théorie physique,* Duhem explique précisément qu'on ne peut isoler une hypothèse de son contexte théorique. On ne confronte pas une hypothèse à l'expérience, mais une hypothèse qui appartient à un corpus théorique à l'expérience. Aussi parle-t-on dans l'épistémo-logie contemporaine de la position Duhem-Quine. Mais Quine généralise en quelque sorte la thèse de Duhem. La conception holiste s'applique à toute la science et même à toute forme de connaissance et non pas seulement à la physique (Duhem[1]). Le savoir est un ensemble complexe, à la fois discursif, théorique, qui ne touche à l'expérience que par ses bords (représentée par les énoncés observationnels). Au centre de cet ensemble, il y a les énoncés analytiques, à la périphérie les énoncés observationnels. La connaissance humaine est un ensemble d'énoncés plus ou moins interdépendants, qui entretiennent entre eux des relations logiques ou sémantiques. Pour illustrer cette relation d'interdépendance, Quine utilise l'image de l'étoffe tissée ou du champ de forces, c'est-à-dire d'un milieu continu où aucun point n'est jamais complètement isolé.

> La totalité de ce qu'il est convenu d'appeler notre savoir ou nos croyances, des faits les plus anecdotiques de l'histoire et de la géographie aux lois les plus profondes de la physique atomique ou même des mathématiques pures et de la logique, est une étoffe tissée par l'homme, et dont le contact avec l'expérience ne se fait qu'aux contours. […] Si un conflit avec l'expérience intervient à la périphérie, des réajustements s'opèrent à l'intérieur du champ. Il faut alors redistribuer les valeurs de vérités à certains de nos énoncés. […]

> Si cette conception est juste, c'est alors une erreur de parler du contenu empirique d'un énoncé individuel […]. En outre, il devient aberrant de rechercher une frontière entre les énoncés synthétiques qui reposent sur l'expérience contingente, et les énoncés analytiques qui sont vrais en toutes circonstances. On peut toujours préserver la vérité de n'importe quel énoncé, quelles que soient les circonstances. Il suffit d'effectuer des réajustements énergiques dans d'autres régions du système. […] On a été jusqu'à proposer de réviser la loi logique du tiers

1. *Cf.* P. Duhem, *La théorie physique, son objet – sa structure*, Paris, Vrin, 1997, p. 284-285.

> exclu, pour simplifier la mécanique quantique ; où est la
> différence de principe entre un changement de ce genre
> et ceux par lesquels Kepler a remplacé Ptolémée, Einstein
> a remplacé Newton, ou Darwin a remplacé Aristote[1].

Donc une perturbation en un point se propage de proche
en proche sur l'ensemble (comme lorsqu'on secoue un
tapis). Le réseau est ouvert, de nouveaux énoncés s'y
greffent en permanence à la suite de nouvelles expériences
donnant lieu à de nouveaux énoncés d'observation. Il n'est
donc pas impossible que des contradictions surviennent.
Et parce que le système doit demeurer cohérent, il s'agit
d'éliminer les contradictions. Autrement dit, il faut remanier
la connaissance et redistribuer les valeurs de vérité des
énoncés déjà acquis. Ainsi l'histoire des sciences prouve
assez comment le progrès de la connaissance passe par le
remaniement des énoncés théoriques, les plus validés et
même les plus formels.

La conséquence de l'argumentation de Quine est la
remise en cause du constructivisme dans sa version réduc-
tionniste de Carnap. Ne pas pouvoir mettre en rapport un
énoncé et un fait n'est pas le signe que cet énoncé est dénué
de sens, mais que c'est le régime normal de la connaissance,
la relation entre les énoncés et les faits étant toujours
globale. Autrement dit, il n'existe pas de purs faits observationnels, comme il n'existe pas d'énoncés prémunis
absolument contre les faits. C'est pourquoi il faut se défaire
des énoncés métaphysiques parce que la métaphysique
repose sur la clause d'une transcendance par rapport à
l'expérience. Pour autant, il ne faut pas en conclure à une
détermination de la connaissance par l'expérience, comme

---

1. P. Duhem, *La théorie physique, son objet – sa structure*, *op. cit.*,
p. 118-119.

si l'expérience était l'instance dernière de la connaissance. Aucune expérience n'impose un ensemble d'énoncés théoriques pour en rendre compte. La médiation théorique ou linguistique des énoncés observationnels et la liberté dans le choix des énoncés théoriques obligent à conclure à une sous-détermination de la théorie par l'expérience. La science n'est rien d'autre pour Quine qu'un instrument de prédiction des faits. Or plusieurs théories sont possibles pour cette fin. Donc les théories sont assez indépendantes par rapport à leur base empirique. En résumé, le holisme épistémologique entraîne trois conséquences : la sous-détermination de la théorie par l'expérience (liberté est laissée pour procéder aux modifications du système) ; la possibilité de théories empiriquement équivalentes (on peut déduire de plusieurs théories les mêmes énoncés d'observation) ; aucun énoncé n'est à l'abri de la réfutation et donc tout énoncé peut être sauvé de la réfutation.

Ainsi ni la logique ni l'expérience ne contraignent absolument à accepter ou à refuser les hypothèses scientifiques. Il n'y a qu'une différence de degré entre les énoncés analytiques et les énoncés synthétiques, entre la connaissance scientifique et la connaissance commune. Nous sommes toujours embarqués dans la connaissance : la connaissance est comme un navire et c'est pourquoi elle nous condamne à un destin d'immanence. L'expérience n'est pas un point fixe et extérieur (la terre ferme) à toute connaissance théorique : mais les frontières avancent ensemble. Ou encore, connaître c'est ne cesser de réparer le navire en même temps qu'il vogue. C'est de l'intérieur de la structure logico-empirique de la connaissance que nous connaissons et faisons progresser la connaissance. Pour la question des principes, la conséquence de la thèse de Quine, est qu'on ne peut opposer radicalement faits et principes, qu'aucun principe n'est absolument évident, c'est-à-dire protégé contre une révision par et contre une confrontation avec l'expérience. Il y a une sorte de *continuum* analytique-synthétique à l'intérieur duquel les principes les plus formels n'ont qu'une certitude supérieure relative à l'égard des faits.

DIVERSITÉ DES PRINCIPES, IMPUISSANCE DE LA RAISON

Les principes sont rationnels. Cependant tous les principes n'enveloppent pas la même nécessité rationnelle. Le principe apparaît alors comme ce qui divise la raison en elle-même. La raison établit des principes mais aucun principe ne paraît immunisé contre la critique de la raison. C'est toujours à propos des principes que la raison entre en contradiction avec elle-même. Le principe, traditionnellement, assure la supériorité en l'homme de la raison sur toutes les autres facultés et, par la raison, de l'homme sur l'animal. Mais aucun principe ne se présente comme un fondement ferme. Tous les principes sont rationnels mais aucun ne commande incontestablement ou inconditionnellement. La raison est moins ce qui établit les principes que ce qui ruine l'autorité de chacun. Que faut-il alors conclure du rapport entre la raison et les principes ? Si les principes de la raison ne dépendent pas d'elle, puisqu'elle ne peut les fonder, alors ils dépendent d'autre chose : la relativité des principes prouve l'hétéronomie de la raison ou du moins sa secondarité.

Une première attitude consiste en quelque sorte à limiter la portée du prétendu scandale, c'est-à-dire à résorber la contradiction entre les principes et la raison dans la distinction entre raison théorique et raison pratique. Les principes sont universels et nécessaires pour la raison théorique et sont relatifs pour la raison pratique. Il faut s'accommoder d'une différence de statut entre les principes selon qu'ils commandent la connaissance ou qu'ils (re-) commandent l'action. Il ne faut pas rechercher la même rigueur dans toutes les sciences comme dit Aristote dans l'*Éthique à Nicomaque*[1]. Dans l'ordre de l'action, étant donné sa nature contingente, les principes sont nécessairement relatifs. Il y a des principes mais contrairement aux principes théoriques, ils ne peuvent prétendre à l'universalité et à la nécessité. Les principes pratiques commandement toujours particulièrement et conditionnellement. Et c'est pourquoi, aux prises avec la contingence, la vertu (intellectuelle) de prudence est si estimable pour l'exercice même des vertus éthiques. L'illusion serait ici d'appliquer à un ordre ce qui ne vaut que pour l'autre. De même qu'il serait absurde d'exporter le relativisme des principes pratiques dans le champ de la connaissance théorique, de même il serait vain d'exiger que l'action se soumette à des principes rationnels universels et nécessaires. On pourrait dire encore : le champ du savoir est réglé par des principes, celui de l'action est dominé par les valeurs, où la « guerre des dieux » (Weber) est indépassable – à moins que cette opposition entre principes objectifs et valeurs subjectives ne soit très relative[2], fondée sur la thèse d'une objectivité épistémologique axiologiquement neutre dont le « point de vue de nulle part » n'est peut-être que le succédané méthodologique fictif d'une impossible métaphysique du Principe.

---

1. Aristote, *Éthique à Nicomaque*, I, 1, 1094b25, Paris, Vrin, 1979.
2. *Cf.* H. Putman, *Fait/valeur : la fin d'un dogme et autres essais*, Paris, Les éditions de l'éclat, 2004.

Pascal pratique cette distinction des principes[1], comme il pratique celle des ordres (corps, esprit, charité). L'esprit cherche et pose toujours des principes et en déduit des conséquences. C'est là toute la puissance et l'impuissance de la raison. La raison raisonne sur ou à partir de principes qu'elle ne pose pas (les principes sont sentis) et n'a aucun moyen de savoir si les principes dont elle part sont « les premiers principes des choses »[2].

> Notre âme est jetée dans le corps où elle trouve nombre, temps, dimensions, elle raisonne là-dessus et appelle cela nature, nécessité, et ne peut croire autre chose[3].

La raison ne découvre pas les principes et n'a aucun pouvoir fondateur : elle se contente de conclure (marque de sa puissance) des propositions à partir de principes connus par sentiment (marque de son impuissance) :

> Les principes se sentent, les propositions se concluent et le tout avec certitude quoique par différentes voies – et il est aussi inutile et aussi ridicule que la raison demande au cœur des preuves de ses premiers principes pour vouloir y consentir, qu'il serait ridicule que le cœur demandât à la raison un sentiment de toutes les propositions qu'elle démontre pour vouloir les recevoir[4].

Mais les principes sont nécessaires. Même la religion doit s'expliquer par un principe, en l'occurrence le péché et

---

1. *Cf.* aussi dans la dix-huitième Provinciale : « Ces trois principes de nos connaissances, les sens, la raison et la foi, ont chacun leurs objets séparés, et leur certitude dans cette étendue » (B. Pascal, *Œuvres complètes*, Paris, Gallimard, 1954, p. 897).

2. P. Guénancia, « Les premiers principes : Descartes et Pascal », dans B. Mabille (dir.), *Le principe*, Paris, Vrin, 2006, p. 122.

3. B. Pascal, *Pensées et opuscules*, Br. 233, Paris, Hachette, 1953.

4. *Ibid.*, Br. 282.

ses corollaires, la contradiction en l'homme de tant de grandeurs et de tant de misères.

> Les grandeurs et les misères de l'homme sont tellement visibles qu'il faut nécessairement que la véritable religion nous enseigne et qu'il y a quelque grand principe de grandeur en l'homme et qu'il y a un grand principe de misère. Il faut encore qu'elle nous rende raison de ces étonnantes contrariétés. […] De ce principe que je vous ouvre vous pouvez reconnaître la cause de tant de contrariétés qui ont étonné tous les hommes et qui les ont partagés en de si divers sentiments[1].

La connaissance anthropologique obéit encore à un principe. Seulement il relève de la foi et non de la raison. L'homme est plus obscur à lui-même sans ce principe que ce principe même n'est incompréhensible à la raison[2]. Le principe qui rend raison de la condition de l'homme est lui-même un mystère.

> Concevons donc que l'homme passe infiniment l'homme, et qu'il était inconcevable à soi-même sans le secours de la foi. […] Chose étonnante cependant que le mystère le plus éloigné de notre connaissance, qui est celui de la transmission du péché, soit une chose sans laquelle nous ne pouvons avoir aucune connaissance de nous-mêmes![3].

Ici la « raison des effets » (les contrariétés en l'homme) conduit à la nécessité d'une soumission (humiliation) de la raison, condamnée à souscrire à un principe dont la vérité lui échappe.

---

1. B. Pascal, *Pensées et opuscules*, Br. 430, *op. cit.*.
2. *Ibid.*, Br. 434.
3. *Ibid.*

Mais deux types d'esprit, de géométrie ou de finesse, distinguent encore deux sortes de principes[1]. L'esprit de géométrie se complait à des principes variés mais bien définis, « inaccoutumés » (contre-intuitifs) au sens commun. En géométrie, l'esprit pour peu qu'il s'y adonne voit les « principes à plein », qui sont « si gros qu'il est presque impossible qu'ils échappent »[2]. L'esprit de finesse, à l'inverse, raisonne sur des principes familiers, mais délicats, trop nombreux pour être tous aperçus. Donc selon les domaines, les principes diffèrent. Quand l'esprit qui n'est que de géométrie cherche à raisonner dans les choses de finesse « voulant commencer par les définitions et ensuite par les principes », il se rend ridicule et se perd. Et quand l'esprit n'est que de finesse, le raisonnement n'a pas la patience « de descendre jusque dans les premiers principes des choses spéculatives et d'imagination ». Les choses de l'esprit de finesse ne sont certes pas sans principes. Mais elles sont « tellement délicates et tellement nombreuses » – comme le note P. Guénancia, l'indétermination de l'expression « choses fines » ou « choses de finesse » suffit à en souligner la délicatesse insaisissable aux procédures de l'esprit géométrique[3] – qu'il faut reconnaître que leurs principes ne sont connus que par sentiment, par une vue immédiate qui « tout d'un coup » se rend intelligible par la saisie des causes, dans leur singularité, la conduite des hommes, sans que l'esprit suive des règles, des longues chaînes de raisons, soumette la connaissance à la généralité des concepts, tant et si bien que ce serait peine perdue et

1. B. Pascal, *Pensées et opuscules,* Br. 1*, op. cit.*

2. *Ibid.*

3. P. Guénancia, « Les premiers principes : Descartes et Pascal », dans B. Mabille (dir.), *Le principe*, *op. cit.*, p. 132. Il note aussi que B. Pascal ne donne « aucun exemple de chose fine » (*ibid.*).

« une chose infinie » d'entreprendre de les démontrer par ordre comme en géométrie. Traiter *more geometrico,* par « progrès de raisonnement » les choses fines, prétendre connaître les choses géométriques d'une « seule vue » par sentiment, c'est confondre des « principes nets et grossiers » avec des « principes déliés ».

Encore la méthode géométrique n'est-elle pas absolument parfaite, même dans son ordre propre[1]. La démonstration géométrique indique la bonne méthode parce qu'elle consiste à toujours « prouver chaque proposition » soit à partir de définitions, soit à partir d'autres démonstrations et à « disposer chaque proposition dans le meilleur ordre »[2], c'est-à-dire de telle sorte que les vérités s'enchaînent déductivement. Toutefois la méthode géométrique n'est pas parfaitement démonstrative et ne saurait l'être puisque la validité des démonstrations repose sur la vérité des démonstrations antérieures qui dépendent de la définition des concepts qui supposent des termes premiers qu'on doit tenir pour absolument primitifs, indéfinissables et indémontrables.

> Certainement cette méthode serait belle, mais elle est absolument impossible : car il est évident que les premiers termes qu'on voudrait définir, en supposeraient de précédents pour servir à leur explication, et que de même les premières propositions qu'on voudrait prouver en supposeraient d'autres qui les précédassent ; et ainsi il est clair qu'on n'arriverait jamais aux premières. Aussi, en poussant les recherches de plus en plus, on arrive

1. « Il faut auparavant que je donne l'idée d'une méthode encore plus éminente et plus accomplie, mais où les hommes ne sauraient jamais arriver : car ce qui passe la géométrie nous surpasse » (B. Pascal, *L'esprit de géométrie, Œuvres complètes*, Paris, Gallimard, 1954, p. 576).

2. *Ibid.*

nécessairement à des mots primitifs qu'on ne peut plus définir, et à des principes si clairs qu'on n'en trouve plus qui le soient davantage pour servir à leur preuve. D'où il paraît que les hommes sont dans une impuissance naturelle et immuable de traiter quelque science que ce soit dans un ordre absolument accompli[1].

Surtout la méthode géométrique n'est pas universalisable. La connaissance des choses de finesse en est déjà la preuve suffisante. Mais au-delà de la connaissance morale, c'est encore le champ entier des affaires humaines qui fait exception à la raison. Si une démonstration est en droit nécessaire et universelle, il est tout à fait contingent et particulier par exemple que la règle de succession en monarchie se fasse au profit de l'aîné. Ou alors en quel sens pourrait-on considérer la primogéniture mâle comme un principe ? Plus généralement, si vraiment la raison n'exerce pas son empire sur le champ de l'action, faut-il en conclure à l'absence de principes pratiques ou à un genre encore nouveau de principes ?

Sur quoi fondera-t-il, l'économie du monde qu'il veut gouverner ? Sera-ce que le caprice de chaque particulier ? quelle confusion ! Sera-ce sur la justice ? il l'ignore. [...] Le droit a ses époques, l'entrée de Saturne au Lion nous marque l'origine d'un tel crime. Plaisante justice qu'une rivière ou une Montaigne borne ! Vérité au-deçà des Pyrénées, erreur au-delà.

Ils confessent que la justice n'est pas dans ces coutumes, mais qu'elle réside dans les lois naturelles, connues en tout pays. Certainement ils le soutiendraient opiniâtrement, si la témérité du hasard qui a semé les lois humaines en avait rencontré au moins une qui fût universelle, mais la

---

1. B. Pascal, *L'esprit de géométrie, op. cit.*, p. 578-579.

> plaisanterie est telle, que le caprice des hommes s'est si bien diversifié, qu'il n'y en a point. […]

> Il y a sans doute des lois naturelles ; mais cette belle raison corrompue a tout corrompu. […]

> De cette confusion arrive que l'un dit que l'essence de la justice est l'autorité du législateur, l'autre la commodité du souverain, l'autre la coutume présente ; et c'est le plus sûr : rien, suivant la raison, n'est juste en soi ; tout branle avec le temps. La coutume fait toute l'équité, par cette seule raison qu'elle est reçue ; c'est le fondement mystique de son autorité. Qui la ramène à son principe, l'anéantit [1].

La raison ne saurait fonder les règles de droit. Elle ne peut que critiquer toute loi à laquelle on obéit parce qu'on la croit juste (« rien suivant la raison, n'est juste de soi »). Le principe de la loi n'est pas un principe mais un usage. Du moins la justice (ou l'équité) a bien un « principe » qui l'explique, mais il n'a rien de rationnel et de fondé. Ou l'autorité de la justice trouve son origine dans « le caprice des hommes », perpétué par la coutume qui l'a rendu raisonnable. Réduire la justice à son principe, c'est ici la ruiner : manifester le principe quand celui-ci n'est pas rationnel, c'est supprimer ce qu'il prétend fonder. Le raisonnement est le plus anti-cartésien souhaitable : détruire l'édifice de l'ordre social en le reprenant « dès les fondements ». Revenir au principe n'est pas fonder mais ébranler. C'est que le principe ne relève ici d'aucune loi naturelle universelle. La « si belle raison » n'y a pas sa part qui, d'ailleurs, a tout corrompu [2]. L'imagination ou la fantaisie est le secret de l'institution des règles, et l'habitude ou la coutume le « fondement mystique » de leur autorité [3].

---

1. B. Pascal, *Pensées et opuscules*, *op. cit.*, Br. 294.
2. L'argument suppose la thèse théologique d'une corruption de la raison par le péché.
3. Pascal cite ici Montaigne (*Essais* III, 13).

L'imagination est la reine du monde. C'est elle et non la raison qui est législatrice. Le principe de la justice manque de fondement.

Quittant Montaigne, Pascal se demande alors s'il convient d'affranchir le peuple de son aveuglement sur la nature des lois. Il n'en conclut pas qu'il faille abolir les règles en usage précisément parce qu'il est encore plus vain de croire que d'autres plus rationnelles ou mieux fondées pourraient leur succéder. Il faut plutôt se défaire de la croyance tenace en faveur des principes si la raison est impuissante à les fonder. Changer des lois arbitraires par des lois qui ne le seront pas moins n'introduit pas un système de droit plus juste, mais le plus grand désordre qui est la suprême injustice. L'absence de principes pratiques, en dehors du principe de la coutume qui n'en est pas un, a pour conséquence, pour le bon peuple, le conservatisme et, pour le bon gouvernant selon l'avis de Platon, l'art de « piper » le peuple en lui dissimulant le « commencement » de l'usurpation. Toute la jurisprudence repose sur le « principe » de la coutume qui masque une absence de fondement – mais que le temps finit par rendre raisonnable en instituant un ordre social. Impuissante à établir la justice sur un principe rationnel, la raison ne peut et ne sait faire que la « démystifier », ruinant son autorité au moment même où elle en révèle le manque de fondement. La raison ne fonde pas : elle sème la fronde[1]. Il y a bien, chez Pascal, des principes et même une évidence des principes. Mais c'est pour mieux souligner la faiblesse et la prétention de la raison à juger de tout, notamment des principes[2].

---

1. C'est ce que développe la fin de la pensée 294.
2. *Cf.* P. Guénancia, « Les premiers principes : Descartes et Pascal », dans B. Mabille (dir.), *Le principe, op. cit.*, p. 125-126.

SUSPENDRE LA RECHERCHE
DES PRINCIPES

Que valent les principes, si la raison est impuissante à découvrir la moindre vérité et si (le principe de) la foi fait défaut (Pascal)? Le scepticisme paraît alors invincible, qui achève de faire comprendre que le concept de principe est constitutivement dogmatique. C'est le dogmatisme qui croit fermement au principe, à la nécessité des principes et à leur rationalité. Le sceptique ne nie pas les croyances ou les opinions mais les inférences faites à partir d'elles en direction de l'être, d'un principe ou d'un fondement au-delà de ce qui apparaît. L'ataraxie et la sagesse, promises par l'exercice philosophique, supposent de renoncer à toute prétention de propositions fondamentales sur la constitution des choses, de tout fondement ou de tout principe premier.

Le concept de principe n'est pas un concept du vocabulaire sceptique, et « pour cause ». Le scepticisme antique est une anti-philosophie du principe – ce qui se vérifie facilement sur la seule critique de la causalité. Impossible de se passer de la causalité, mais relative à l'effet, la cause est insaisissable et peut encore moins être supposée subsister avant, pendant ou après lui[1], ce qui donne presque

---

1. Sextus-Empiricus, *Esquisses pyrrhoniennes*, III, 26-27, dans J. Moreau, *Les sceptiques grecs*, Paris, P.U.F., 1966, p. 162-163.

par défaut la définition du principe : une cause subsistante. Il propose, au contraire, des schémas de réfutation des raisonnements dogmatiques pour examiner et remettre en cause toute assertion en faveur de la certitude et de la connaissance absolue. Le sceptique (*skeptikos*, chercheur, examinateur) ne cherche pas des principes mais plutôt toutes les manières de réfuter les principes. Ces schémas sont connus sous l'expression de modes, plus ou moins nombreux selon les auteurs, et que Sextus-Empiricus a repris et résumé et systématisé dans ses *Hypotyposes ou Esquisses pyrrhoniennes.* On cite souvent, comme Diogène-Laërce, les cinq modes d'Agrippa qui viendraient s'ajouter aux dix modes déjà enseignés dans l'École sceptique (Aénésidème).

> Le premier se fondant sur la discordance, montre, tant en ce qui concerne les problèmes philosophiques qu'en ce qui concerne les questions de la vie courante, qu'il s'y trouve d'abondants conflits et de nombreuses confusions[1].

Le premier mode (qui intègre en réalité les dix modes d'Aénésidème) consiste à prendre acte de la diversité des opinions, du conflit des principes eux-mêmes pour la résolution des problèmes (philosophiques ou pragmatiques). Qu'il y ait plusieurs principes, qu'aucun principe ne puisse trancher le débat entre les principes suffit à douter de la valeur des principes. Le conflit insoluble entre des opinions contraires (comme l'opposition entre le stoïcisme et l'épicurisme sur les principes de la nature (la providence ou le hasard)[2] ou de la morale (la vertu ou le plaisir) conduit à repousser les unes et les autres et à suspendre le jugement. Il n'y a pas de perception, de représentation qu'un avis

---

1. Diogène-Laërce, *Vies,* IV, *op. cit*, p. 88-89.
2. La grande alternative (*to diezeugmenon*), *cf.* Marc-Aurèle, *Pensées pour moi-même*, XII, 14.

contraire ne puisse récuser. Ici la suspension de jugement n'est pas exactement un principe ou seulement comme la position raisonnable qui procède de l'égale force (ou de l'égal discrédit) des opinions.

> Le second, en nous renvoyant à l'infini, refuse tout fondement solide à la solution recherchée, parce que la certitude de telle proposition renvoie à celle de telle autre, et ainsi jusqu'à l'infini [1].

Le deuxième mode met en œuvre l'idée que toute preuve exige une preuve (qu'il n'y a jamais de preuve suffisante) et que donc la connaissance est entraînée dans une régression à l'infini. Peut-être sera-t-on tenté d'élever au rang de principe la décision de s'arrêter quelque part ? C'est l'argument souvent utilisé par Aristote : « il est nécessaire de s'arrêter ». Cette nécessité exprime un principe. Mais le sceptique comprend cette nécessité non comme un principe rationnel mais comme un expédient pour ne pas céder à la nécessité de la régression à l'infini, c'est-à-dire à la preuve qu'il n'y a pas de principe premier. L'argument d'Aristote (*anankè stènai*) n'est pas un principe mais exprime le désir du principe. Il convient donc là encore de suspendre son jugement, pour ne pas se perdre dans la régression à l'infini ou se résoudre au pseudo-principe qui exige l'arrêt arbitraire de cette régression.

> Le troisième, celui de la relation, dit que rien ne peut être appréhendé en soi, mais toujours avec autre chose ; il s'ensuit que tout est inconnaissable [2].

Toute représentation est relative à celui qui en fait l'expérience et à l'objet d'expérience, notamment quand il s'agit de la perception, et c'est pourquoi il faut suspendre

1. Diogène-Laërce, *Vies,* IV, *op. cit.*, p. 88-89.
2. *Ibid.*

son jugement concernant la nature propre de ce qui est représenté. Le scepticisme est un phénoménisme[1]. Là encore il déjoue la recherche du principe, toujours solidaire d'une pensée de la substance ou de l'essence pour fonder les apparences.

> Le quatrième est formé de la considération de l'hypothèse, considérant ceux qui pensent que les principes doivent être d'eux-mêmes admis comme certains et n'ont pas à être l'objet d'une postulation. Opinion vaine, car on peut proposer l'hypothèse contraire[2].

Comment sortir de la régression à l'infini dans la recherche des causes et des principes ? En s'arrêtant quelque part, c'est-à-dire en posant des principes comme évidents et indémontrables. Ne pouvant fonder un principe on déclare qu'un principe est au fondement de tout. Autrement dit, la position du principe n'a rien de nécessaire mais relève de la simple postulation. Le principe n'est pas un fondement mais une hypothèse qu'on demande d'accepter comme vraie *a priori*. L'énonciation du principe est en quelque sorte performative. Ou encore, toute formulation ou toute position de principe a la forme d'une pétition de principe. On admet comme démontré ce qu'il faudrait pouvoir démontrer : au lieu de démontrer qu'un principe est un fondement on admet qu'il est un principe parce qu'on ne peut le démontrer.

> Le cinquième est formé de la considération de l'inférence réciproque, ce qui se produit lorsque la preuve de ce qu'on recherche est fondée sur la validité d'une seconde preuve qui tire elle-même sa justification de la première : par

---

1. *Cf.* J.-P. Dumont, *Le scepticisme et le phénomène*, Paris, Vrin, 1972. Tout part du vers de Timon de Philonte (325-235 av. J.-C.), disciple direct de Pyrrhon d'Elis : « *Alla to phainomenon panthè sthenei ouper an elthè* (mais le phénomène l'emporte partout où il se rencontre) ».

2. Diogène-Laërce, *Vies, IV, op. cit.* p. 88.

exemple si l'on fonde l'existence de pores sur la présence d'émanations, et celles-ci ensuite sur la présence de pores [1].

Ce cinquième et dernier mode correspond au diallèle ou au cercle vicieux (A car B car A). La preuve nécessaire pour établir la conclusion est empruntée à la conclusion elle-même. Là encore puisqu'il est impossible de s'appuyer sur la preuve de la conclusion ou sur la conclusion (qui est la preuve de la preuve de la conclusion), il est sage de suspendre son jugement.

La combinaison de ces schémas de réfutation se révèle extrêmement efficace contre toute assertion dogmatique. Toute affirmation débouche sur des contradictions : l'adversaire peut chercher une preuve de degré supérieur. Mais il s'expose à une régression infinie, ce qui l'accule, pour sauver la certitude d'un principe, à tomber dans une pétition de principe ou, pour sortir de l'impasse, à fonder le principe de manière récurrente. Comme l'écrit Hadot à propos des modes d'Agrippa :

> Les philosophes se contredisent ; pour prouver quelque chose, il est nécessaire d'aller à l'infini ou bien de faire un cercle vicieux, ou de postuler sans fondement des principes indémontrables ; enfin tout est relatif, toutes choses se supposent mutuellement et il est impossible aussi bien de les connaître dans leur ensemble que dans leur détail [2].

On peut juger l'exercice aussi vain qu'intellectuellement attirant. Mais le scepticisme, de fait, parvient à affranchir la philosophie de tout effort de fondation. Sextus-Empiricus donne la définition suivante du scepticisme :

---

1. *Ibid.*, p. 88.
2. P. Hadot, *Qu'est-ce que la philosophie antique ?*, Paris, Folio-Gallimard, 1995, p. 224.

> La faculté de mettre face à face les choses qui apparaissent aussi bien que celle qui sont pensées, de quelque manière que ce soit, capacité par laquelle, du fait de la force égale qu'il y a dans les objets et les raisonnements opposés, nous arrivons d'abord à la suspension de l'assentiment, et après cela, à la tranquillité[1].

Opposant à tout argument un contre-argument de force égale, il engage une suspension de l'assentiment (*épochè*) qui assure seule la tranquillité de l'âme.

La quête du principe, au contraire, engendre l'inquiétude de l'âme. Le scepticisme porte à son comble l'écart entre la philosophie (c'est-à-dire la vie sage) et le discours philosophique qui, en quête de raison, verse fatalement dans le dogmatisme. La philosophie n'a de valeur que si, analysant la cause du malheur des hommes, elle se présente comme une thérapeutique. La guérison passe par la philosophie (sceptique) mais celle-ci devient inutile comme discours quand l'âme est parvenue par la suspension du jugement à être sans troubles. Il en va du sceptique qui réalise la philosophie en s'en débarrassant comme du peintre Apelle qui réalise la perfection de l'art en renonçant à l'art.

> En fait il est arrivé au sceptique ce qu'on raconte du peintre Apelle. On dit que celui-ci, alors qu'il peignait un cheval et voulait imiter dans sa peinture l'écume de l'animal, était si loin du but qu'il renonça et lança sur sa peinture l'éponge à laquelle il essuyait les couleurs de son pinceau; or quand elle l'atteignit, elle produisit une imitation de l'écume du cheval. Les sceptiques, donc, espéraient atteindre la tranquillité en tranchant face à l'irrégularité

---

1. Sextus-Empiricus, *Esquisses pyrrhoniennes,* I, 4, 8, Paris, Seuil, 1997, p. 57.

des choses qui apparaissent et qui sont pensées, et étant incapables de faire cela, ils suspendent leur assentiment[1].

Le discours philosophique (le scepticisme) aboutit à sa propre suppression, de sorte que la philosophie devient inutile dès lors qu'elle a produit son effet thérapeutique.[2]. Le scepticisme, c'est la sagesse sans la philosophie, ou du moins le choix philosophique d'une vie rendue à l'indifférence à l'égard du principe : une vie philosophique sans le dogmatisme de la raison philosophique, libérée de la tutelle des principes. Le sceptique ne vit pas sans règle, mais sa règle de vie est une vie non philosophique. Il ne fonde pas son choix de vie sur des principes. Il le confirme et le renouvelle à l'aide de formules très éloignées à tous égards d'un principe : « pas davantage », « pas plus ceci que cela » (*ou mallon*), « peut-être », « tout est indéterminé », « à ton argument s'oppose un égal argument », « je suspends mon jugement »[3]. S'il y a un principe sceptique, il consiste dans la vie suspensive elle-même :

> Nous disons que le principe causal (*arkhè aitiôdes*) du scepticisme est l'espoir d'obtenir la tranquillité (*ataraktèsein*) [...] Quant au principe par excellence de la construction sceptique, c'est qu'à tout argument s'oppose un argument égal ; en effet il nous semble que c'est à partir de cela que nous cessons de dogmatiser[4].

C'est-à-dire de spéculer sur les principes.

1. *Ibid.*, I, 12, 27-30, , p. 71.
2. *Cf.* P. Hadot, *Qu'est-ce que la philosophie antique ?, op. cit.*, p. 225. On trouve une inspiration comparable chez L. Wittgenstein. Cf. *Tractatus logico-philosophicus*, 6.54.
3. *Cf.* P. Hadot, *Qu'est-ce que la philosophie antique ?, op. cit.*, p. 225-226.
4. Sextus-Empricus, *Esquisses pyrrhoniennes, op. cit.*, I, 12, Paris, Seuil, 1997.

CAUSE-PRINCIPE, CAUSALITÉ-NÉCESSITÉ

Est-ce la même chose de rechercher les causes et les principes ? Toute cause est-elle un principe ? Évidemment il n'y a pas ici de réponse univoque à cette question. Ce qui est certain, c'est que les deux notions se croisent et se séparent, à la fois en extension et en compréhension. Aristote dit dans la *Métaphysique* que « principe et cause sont corrélatifs ». Mais il les distingue aussi bien en leur consacrant deux chapitres successifs et séparés du livre D[1].

Le principe (*archè*) et la cause (*aitia, aition*) sont synonymes, voire des corrélatifs comme l'être et l'un pour Aristote[2]. Le principe comme la cause indiquent la raison d'une chose ou de la connaissance d'une chose. La prémisse est aussi bien dite la cause de la conclusion. La science doit partir de principes qui sont « vrais, premiers, immédiats et, par rapport à la conclusion, mieux connus, antérieurs et jouant le rôle de causes »[3]. La science première recherche des premiers principes et/ou des premières causes. Le principe et la cause répondent à la même requête du « ce à partir de quoi ». Aussi n'est-il étonnant, comme le

---

1. D 1, le principe, D 2, la cause. *Cf.* le commentaire de S. Roux de D 1, *La recherche du principe chez Platon, Aristote et Plotin, op. cit.*, p. 127-136.
2. Aristote, *Métaphysique*, G, 2, 1003b 22-26, *op. cit.*
3. Aristote, *Seconds analytiques*, I, 2, 71b, Paris, Vrin, 1979.

remarque P. Aubenque [1], que chez Aristote le problème du commencement se pose en des termes similaires pour la connaissance et pour le mouvement – « principe » désigne le « point de départ (*othen*) du mouvement de la chose, […] le meilleur point de départ pour chaque chose […] l'élément premier et immanent du devenir […] le point de départ de la connaissance d'une chose : les prémisses (*upotheseis*) sont les principes des démonstrations (*apodeixeôn*) » [2]–, et conduit à poser un terme absolument premier pour surmonter la régression infinie : prémisse non déduite, principe non démontré de la démonstration ou cause non causée (premier moteur immobile).

Mais on peut distinguer les principes de l'être et les principes du connaître et dans le sillage de cette distinction, dissocier causes et principes. Seuls les principes de l'être sont assimilables à des causes : les principes de l'étant physique sont les quatre causes (souvent qualifiées de principes), ou dans la *Physique* I, la forme, la privation et le substrat matériel. Le principe désigne ici la cause de l'étant. Le principe de la connaissance rend sans doute possible la connaissance mais il ne l'engendre pas au sens où la cause engendre l'étant. Ou alors il faudrait distinguer entre les principes propres d'une science (qui sont causes de cette même science) et les principes communs ou axiomes qui, parce qu'ils sont communs à plusieurs sciences ou à toute science (principe de contradiction), ne peuvent se voir appliquer l'idée de causalité. On pourra ainsi considérer que toute cause est principe en tant qu'elle est productrice et tout principe est cause en tant qu'il est premier. Autrement dit, la « principialité » du principe fait

---

1. P. Aubenque, *Le problème de l'être chez Aristote*, *op. cit.*, p. 55.
2. Aristote, *Métaphysique*, D 1, *op. cit.*, p. 246-247.

jouer en elle la causalité et la primauté. Ou plus exactement, c'est l'antériorité qui fonde le rapport entre le principe et la cause. La cause est antérieure à son effet comme la prémisse est antérieure à la conclusion, et le principe commun en étant antérieur au principe propre est absolument premier (du moins relativement à la connaissance). Le principe est principe parce qu'il est premier par rapport à l'effet ; le principe est cause en tant qu'il est producteur de l'effet. Il faudrait donc corriger notre première formulation : le principe désigne le « ce à partir de quoi » (*to ex ou*) et la cause le « ce par quoi » (*to di'o*). Mais encore faut-il distinguer ce qui est antérieur pour nous et ce qui est antérieur en soi, ce qui est cause par accident et ce qui est cause par soi. Ce qui est cause par accident (Polyclète est cause par accident de la statue alors que « statuaire » est cause par soi de la statue, puisqu'il est accidentel que le statuaire soit Polyclète) ne peut être principe : ce qui est antérieur pour nous n'est pas véritablement principe.

Donc tout principe est-il causal ? La causalité est sans doute une dimension constitutive du principe en tant qu'il doit effectivement exercer son pouvoir de commander et de commencer. Qu'est-ce que commencer sinon causer des effets, qu'est-ce que commander sinon mettre en mouvement un autre pouvoir causal ? La question a déjà été rencontrée dans le débat de Plotin avec Aristote. Pour le Stagirite, le Principe (c'est-à-dire le moteur immobile du mouvement du monde) est cause, non au sens de la cause efficiente (à laquelle la pensée moderne réduit la causalité) mais de la cause finale : la perfection du Principe est cause du mouvement des sphères : « le désirable et l'intelligible meut sans être mus ». Or pour Plotin, réduire la causalité du principe à la cause finale ne rendait précisément pas compte de la toute-puissance (*dunamis*) du Principe.

Dès lors, en adoptant un autre vocabulaire et une autre perspective, si, par cause, on entend une cause seconde ou dérivée (qui est ainsi un effet), immanente ou mondaine, alors cause et principe cessent d'être synonymes : la cause tombe dans le temps, la causalité n'a de sens que selon la succession temporelle, alors que le principe en tant qu'il fonde toute la série des causes et des effets transcende tout l'ordre du conditionné (l'enchaînement des causes dans le temps) et donc le temps lui-même. La cause n'est donc principe que pour la cause première ou l'origine radicale des choses. La cause dans l'ordre du conditionné (cause-effet) n'a aucune valeur principielle. Inversement, le principe désigne la cause au sens inconditionné du terme (cause absolument première et non causée). À sa façon, Aristote dit à peu près la même chose. On parle de principe quand on envisage la cause ultime : le principe c'est la priorité dans l'ordre de la cause elle-même : « il y a un principe et les causes des étants ne sont pas infinies »[1] ; « nous cherchons les principes et les causes les plus hautes »[2] ; « s'il n'y a pas d'autre cause qui fait que le triangle est tel, cela est un principe et est cause des choses postérieures »[3].

Du côté de l'axiome, ce qui lui vaut d'être considéré comme un principe, c'est sa nature de proposition immédiate, c'est-à-dire de « prémisse première » : toute prémisse première est principe. On dira principe plutôt que cause parce qu'ici c'est la dimension de primauté qui l'emporte – mais, comme on l'a rappelé, la prémisse joue la fonction

1. Aristote, *Métaphysique*, A 2, 994a1-2, *op. cit.*
2. Aristote, *Métaphysique*, G 1, 1003a26-27, *op. cit.*
3. Aristote, *Éthique à Eudème*, II, 6, 1222b39-41, Paris, Vrin, 1978.

de la cause par rapport à la conclusion (la conclusion est produite à partir de la prémisse).

L'axiome recoupe-t-il alors le sens fonctionnel du principe ? Il faut peut-être ici affiner les distinctions. L'axiome n'est pas fondationnel au sens où Dieu est la raison suffisante, le fondement de tout étant. Mais étant donné qu'il est ce à partir de quoi la démonstration s'opère, on peut bien dire qu'il joue la fonction de fondement. Autrement dit, il faut distinguer entre le fondement ou la fondation métaphysique (mais alors le principe est unique : c'est Dieu ou ce qui en tient lieu) et le fondement au sens logique du terme, voire épistémologique. Le principe de contradiction peut bien passer pour le fondement de tout énoncé valide.

On passe du sens logiquement fondationnel au sens proprement fonctionnel, quand l'axiome cesse d'être posé comme vrai *a priori*. C'est dans le cadre d'une axiomatique que le principe ou l'axiome acquiert une valeur strictement fonctionnelle. Mais que le principe ait une valeur fonctionnelle n'implique pas qu'il ait une valeur arbitraire. Aussi bien ce qui passe pour une valeur fonctionnelle correspond à une valeur fondationnelle régionale. Ce qui est abandonné, c'est l'idée d'un point de départ absolu qui assurerait à la déduction une certitude définitive ou d'un principe vrai enlassant les choses. L'axiome a perdu son évidence mais il n'est pas un décret arbitraire de la pensée. Un principe est une hypothèse, c'est-à-dire un énoncé simplement posé mais non affirmé comme étant vrai *a priori* dans la réalité, une convention libre de l'esprit qui, contrairement au modèle de la géométrie classique n'est pas vrai en soi, d'une manière séparée et atomique, mais intégrée au système logique qu'il commande : l'axiome est devenu ce qu'on appelait jadis, non sans équivoque, un postulat.

> Dans l'interprétation traditionnelle, la démonstration mathématique était catégorique et apodictique. Elle disait : ces principes étant vrais absolument, telle proposition, que j'en déduis, est donc vraie aussi. Aristote l'appelait : le syllogisme du nécessaire. Maintenant, elle dit seulement ceci : si l'on pose arbitrairement, tel ensemble de principes, voici les conséquences qui, formellement, en résultent. La nécessité ne réside plus que dans le lien logique qui unité les propositions, elle s'est retirée des propositions elles-mêmes. La mathématique est devenue, selon le mot de Pieri, un système hypothético-déductif[1].

Le principe est fonctionnel au sens où il est relatif à un système logique et où il permet de déduire un ensemble de propositions, et il n'est nullement nécessaire que des propositions soient vraies pour pouvoir raisonner de manière valide sur elles et à partir d'elles. Mais sous le régime axiomatique, le principe est vrai fonctionnellement ou fondationnellement seulement d'un système déductif, ce qui revient à dire qu'il y a plusieurs systèmes axiologiques valides. Autrement dit, il faut faire le deuil d'un système de tous les systèmes. K. Gödel a même montré par deux théorèmes de métamathématique (1931), d'une part que tout système comporte en lui des énoncés indécidables et d'autre part que la non-contradiction du système figure parmi ces énoncés indécidables – ruinant ainsi le programme logiciste pour prouver la consistance des mathématiques. Quel que soit le système d'axiomes, il existe des propositions vraies indémontrables, donc tout système d'axiomes est soit incomplet (propositions vraies indémontrables) soit

---

1. R. Blanché, *L'axiomatique*, Paris, P.U.F., 1980, p. 14-15.

inconsistant (système d'axiomes démontrant des propositions fausses).

Malgré tout, on a du mal à considérer que produire une conclusion (discours) et produire un étant (réalité) puissent revenir au même. C'est d'ailleurs peut-être le terme lui-même de principe qui entretient l'illusion d'une co-naturalité entre la raison (le principe dans sa dimension logique, et finalement analytique) et la cause (le principe dans sa dimension physique, c'est-à-dire en réalité synthétique). *Principium : causa sive ratio*. C'est à dissiper cette confusion que s'emploie Hume dans sa critique fameuse de la causalité comme d'une relation d'idées et non de faits. Or, la cause n'est pas la raison (nécessaire) de l'effet, ou encore la causalité de la cause comme force productrice de l'effet est inaccessible à la perception. La cause n'est pas la raison logique de son effet : l'effet suit la cause mais de la cause ne s'ensuit pas l'effet. Il est impossible de montrer que la cause « implique » l'effet (comme ce dont le contraire est impossible). Ce que l'on observe seulement, c'est qu'il lui succède sans pouvoir dire qu'il en dérive. La liaison entre la cause et l'effet se fait dans l'esprit, par habitude.

> Quand donc nous disons qu'un objet est lié à un autre, nous voulons seulement dire qu'ils ont acquis une liaison dans notre pensée, et qu'ils suscitent cette inférence qui fait de chacun d'eux la preuve de l'existence de l'autre[1].

La conjonction constante crée dans l'esprit une habitude psychologique qui est le fondement de ses inférences causales : à chaque fois que A apparaît, l'esprit attend l'apparition de B, non pas par une nécessité rationnelle,

---

1. D. Hume, *Enquête sur l'entendement humain*, section VII, 2e partie, trad. fr. M. Malherbe, Paris, Vrin, 2016, p. 207.

mais par une contrainte psychique qui induit une antici-pation. C'est ce sentiment de contrainte, l'habitude psycho-logique, qui est l'origine des idées de force et de nécessité dans la notion de cause. Au lieu d'une connexion nécessaire, il n'y a, derrière le principe de causalité, qu'un effet de croyance. La conjonction constante ne fait pas nécessité mais, du point de vue (psychologique) de l'effet sur l'esprit, se change en nécessité, puisqu'il est déterminé à anticiper l'effet au-delà du perçu.

> La réflexion sur plusieurs cas répète seulement les mêmes objets et ne peut y donc donner naissance à une nouvelle idée. […] Après une fréquente répétition, je trouve qu'à l'apparition de l'un des objets, l'esprit est *déterminé* par accoutumance à considérer l'autre objet qui l'accompagne habituellement et à le considérer sous un jour plus vif en raison de son rapport au premier objet. C'est donc cette impression, cette *détermination* qui m'apporte l'idée de nécessité[1].

La cause est le nom donné à tout événement qui en précède toujours un autre appelé effet. De là cette double définition que propose Hume :

> Nous pouvons donc définir la *cause* comme *un objet qui est suivi d'un autre, et de telle sorte que tous les objets semblables au premier sont suivis par des objets semblables au second*. Ou, en d'autres mots : *de telle sorte que le second objet n'aurait jamais existé sans l'existence du premier*[2].

---

1. D. Hume, *Traité de la nature humaine* 1, Paris, Aubier Montaigne, 1973, p. 240.
2. D. Hume, *Enquête sur l'entendement humain*, section VII, 2e partie, *op. cit.*, p. 209.

La disproportion entre ces deux définitions de la cause avec l'idée de nécessité est manifeste : la conjonction constante, même élevée à la plus grande régularité, n'acquiert pas la valeur d'une connexion nécessaire, et si l'inférence produit l'idée de nécessité, elle ne la fonde certainement pas. La conséquence de l'ensemble de l'argumentation est clairement dégagée dans le *Traité de la nature humaine* : « la nécessité est quelque chose qui existe dans l'esprit, mais non dans les objets »[1]. La nécessité ou l'idée de connexion nécessaire consiste seulement dans une détermination de l'esprit à l'inférence sous l'effet de l'habitude.

Contrairement à la philosophie classique donc, on ne doit pas dire que l'effet se déduit de sa cause comme de sa raison et que le principe de causalité épouse le mouvement déductif de la raison – comme il en va du rapport entre l'essence d'une figure géométrique et ses propriétés (Spinoza). Autrement dit, le rapport de la cause à l'effet n'est pas analytique.

> La raison ne peut jamais nous montrer la connexion d'un objet avec un autre, même avec l'aide de l'expérience et de l'observation de leur conjonction constante dans tous les cas passés. Quand donc l'esprit passe de l'idée ou de l'impression d'un objet à l'idée d'un autre et qu'il croit en l'existence de celui-ci, ce n'est pas la raison qui le détermine ; ce sont certains principes qui associent les unes aux autres les idées de ces objets et qui les unissent dans l'imagination[2].

La raison est impuissante à tirer de son propre fond l'idée de relation causale, et si l'esprit ne peut s'empêcher de

---

1. D. Hume, *Traité de la nature humaine* 1, *op. cit*, p. 252.
2. *Ibid.*, p. 167.

produire des inférences, d'anticiper des événements futurs à partir de l'expérience passée, c'est de manière entièrement passive et par simple association d'idées dans et par l'imagination à partir de l'expérience.

La philosophie transcendantale[1] de Kant renverse la perspective : la nécessité est bien la règle de l'inférence causale dont il faut chercher la source non dans l'expérience mais dans l'entendement. La causalité est une catégorie (concept premier ou primitif de l'entendement) qui ne doit rien à l'expérience mais la précède pour la constituer, et dont la fonction ou le sens objectif est de lier les phénomènes qui se succèdent dans le temps. Kant souligne que le principe de causalité n'est pas une exigence de la raison, mais seulement une condition nécessaire de l'expérience possible :

> Que tout ce qui arrive a une cause, ce n'est pas du tout un principe connu et prescrit par la raison. Il rend possible l'unité de l'expérience et il n'emprunte rien à la raison[2].

L'entendement est législateur à l'égard de la nature par les catégories. Il prescrit la subordination de l'expérience au principe de causalité, là où la raison apporte avec elle, l'exigence d'une cause absolue, c'est-à-dire cède finalement à l'usage transcendant du principe de raison pour satisfaire son désir d'inconditionné. L'illusion métaphysique procède largement du fait que l'on n'a pas aperçu la différence entre l'entendement (qui contient les conditions ou les

---

1. « J'appelle transcendantale toute connaissance qui ne porte point en général sur les objets mais sur notre manière de les connaître, en tant que cela est possible *a priori* » (E. Kant, *Critique de la raison pure*, Introduction, VII, Paris, P.U.F., 1944, p. 46.

2. E. Kant, *Critique de la raison pure*, « Dialectique transcendantale », *op. cit.*, p. 259.

principes de l'expérience possible) et la raison (dont les Idées expriment l'exigence de l'inconditionné) – aussi les succès de l'entendement dans la connaissance des phénomènes ont-ils pu faire croire à la possibilité de la métaphysique comme science. Par-là même, la causalité a une validité *a priori* qui contient le principe d'unité dans le divers de l'intuition, en l'occurrence, la règle de détermination du divers dans la succession temporelle.

Kant en traite précisément dans la deuxième partie de l'Analytique de l'entendement, appelée « Analytique des principes ». Avec l'Analytique transcendantale, le projet critique aborde le domaine de la spontanéité de la pensée, c'est-à-dire l'activité de l'entendement, dont l'instrument est et ne peut être que le concept. Le concept pour Kant n'est pas une idée au sens classique du terme (représentation générale), mais une fonction de liaison, une méthode de synthèse du divers de l'intuition. Aussi puisque penser c'est juger et que juger c'est « ranger diverses représentations sous une représentation commune » (concept) il suffit, pour déterminer quels sont les concepts de l'entendement pur (catégories), d'étudier les types d'unité qu'opère le jugement et de suivre l'inventaire des fonctions logiques du jugement (quantité, qualité, relation, modalité, encore subdivisées en douze concepts primitifs). Les catégories de l'entendement sont les fonctions primitives de liaison des phénomènes. Mais la connaissance étant constituée des deux éléments hétérogènes de l'intuition (sensibilité) et du concept (entendement) – qui ne peuvent jamais échanger leurs aptitudes : l'intuition ne peut penser et devenir générale, le concept ne peut pas donner de l'existence et devenir singulier – une philosophie transcendantale doit encore rechercher les conditions ou les règles de l'applicabilité (subsomption) des catégories, ce qui constitue précisément la tâche de l'Analytique des principes (canon pour la subsomption). Les principes (*Grundsätze*) désignent les règles intermédiaires entre l'intuition et le concept pur pour la subsomption du divers sous la catégorie. Le principe n'est pas seulement condition pure de synthèse mais synthèse lui-même, c'est-à-dire qu'il est concept pur plus intuition pure. Autant l'Analytique des concepts portait sur la forme du jugement, autant l'Analytique des principes porte sur l'acte même de juger (tout à fait *a priori*).

En résumé[1], Kant y distingue deux sortes de principes : 1) les schèmes et 2) les *Grundsätze*. (1) Les phénomènes auxquels les catégories doivent s'appliquer sont nécessairement temporels. Le temps est le lieu de l'homogénéité entre l'intuition et le concept : il est *a priori* comme la catégorie de l'entendement, sensible comme l'intuition. Pour que la catégorie puisse synthétiser l'intuition, pour que cet acte apparaisse à la conscience, il faut qu'elle se temporalise. C'est là l'œuvre de l'imagination transcendantale que Kant appelle « schématisme ». Un schème, c'est un intermédiaire entre un concept et une intuition, ou plus exactement une méthode de liaison et de construction. Par exemple le nombre (en train de se former, le « nombre nombrant ») est le schème qui correspond à la quantité. (2) Les principes de l'entendement pur (*Grundsätze*) envisagent l'application des catégories à l'expérience, à la matière du phénomène, aux objets empiriques, c'est-à-dire aux règles d'utilisation des catégories. C'est à leur niveau que l'entendement se fait nature, ou que la nature désigne la législation *a priori* de l'entendement sur l'expérience. Ainsi, les schèmes traitent de la condition

---

1. Nous suivons les analyses de J. Rivelaygue, *Leçons de métaphysique allemande*, t. 2, Paris, Grasset, 1992.

sensible des catégories (l'application des catégories au temps); les principes de l'entendement pur portent sur les jugements synthétiques qui se déduisent des catégories et qui servent de fondements à toutes les connaissances *a priori*.

Les principes forment un système, suivant toujours la table des catégories, et constituent les lois universelles de la nature. Les principes sont dits « mathématiques » en tant qu'ils concernent un univers d'objets possibles, et « dynamiques » s'ils servent à déterminer par des règles *a priori* les rapports d'existence entre les phénomènes : soit les uns par rapport aux autres (« analogies de l'expérience »); soit par rapport à notre entendement (postulats de la pensée empirique). Ces règles d'application des catégories à l'expérience, qui précèdent toute connaissance empirique de la nature et expliquent ainsi la possibilité d'une science de la nature, sont encore au nombre de quatre, conformément à la table des catégories : les principes mathématiques comprennent les axiomes de l'intuition et les anticipations de la perception; les principes dynamiques, les analogies de l'expérience et les postulats de la pensée empirique.

Axiomes de l'intuition : Les objets possèdent une grandeur extensive susceptible d'une mesure [1]. Il s'agit de prouver que la science mathématique s'applique à la physique et que donc, dans la nature, il n'y a pas de vide quantitatif. *In mundo non datur hiatus.*

Anticipations de la perception : La sensation, c'est-à-dire le réel de l'intuition, possède un degré ou une grandeur intensive [2]. Il s'agit ici de montrer que la qualité est un

---

1. *Cf.* E. Kant, *Prolégomènes à toute métaphysique future*, § 24, Paris, Vrin, 1993, p. 76.
2. *Ibid.*, p. 76.

donné du phénomène, irréductible à tout *a priori* formel, est néanmoins susceptible d'une grandeur, qui correspond à la grandeur utilisée en calcul intégral, caractérisé par le passage d'un degré à l'autre par variation infinitésimale. Si le contenu de la sensation ne peut s'anticiper, il y a quelque chose en elle qui peut l'être *a priori*, le fait de posséder une grandeur intensive. Cette démonstration de l'intensité comme continuité de l'hétérogène a pour but d'établir que dans la nature il n'y a pas de saut. *In mundo non datur saltus.*

Analogies de l'expérience : Il doit ainsi y avoir des règles objectives de liaison pour les phénomènes qui déterminent, sans faire appel à aucune finalité ou intention divines, quand ils sont permanents, successifs ou simultanés, c'est-à-dire des règles pour tenir une permanence, une succession ou une simultanéité pour des phénomènes objectifs. La substance permet d'établir ce qui est permanent : dans tout changement, doit persister quelque chose dont la quantité ni n'augmente ni ne diminue, ce que la philosophie a depuis longtemps appelé « substance ». « Rien ne naît du néant ni ne retourne au néant ». En fait, le principe de substance signifie que la quantité de matière et de force dans l'univers ne varie pas. C'est, redéfinie comme principe de l'entendement, la loi de conservation de la masse de Newton. La causalité permet, quant à elle, de voir quand deux phénomènes sont nécessairement successifs, en relation de cause et d'effet. La seule manière de se représenter un temps objectif, un ordre de la succession, et non simplement le cours du temps, c'est de supposer la règle de causalité qui affirme que tout changement arrive suivant la loi de liaison des causes et des effets. Le principe de causalité rend raison de l'ordre nécessaire des perceptions successives. En vertu du principe de causalité, on peut cette fois affirmer que dans la nature, il n'y a pas de hasard : *In mundo non datur casus*. L'action réciproque, enfin, permet de dire quand deux phénomènes sont simultanés. Toutes les substances en tant qu'elles peuvent être perçues comme simultanées dans l'espace, sont dans une action réciproque. L'action réciproque permet de comprendre comment la causalité peut s'exercer, s'introduire dans le monde alors même que les quantités de forces sont constantes par leur action à l'infini des systèmes de forces. L'attraction universelle newtonienne est intégrée comme un principe transcendantal.

Postulats de pensée empirique : Le phénomène perçu doit s'accorder aux conditions de l'expérience : s'il s'accorde aux conditions formelles de l'expérience, il est possible : si c'est aux conditions matérielles, il est réel ; si c'est avec les conditions générales de l'expérience, il est nécessaire. On doit pouvoir dire si c'est une hypothèse, un fait ou une loi. Et en vertu de la nécessité, définie comme la synthèse de la possibilité et de l'existence, on peut enfin affirmer : *In mundo non datur fatum*. Où règne la nécessité de la légalité, il n'y a pas de place pour le destin.

Ainsi, « si extravagant et si absurde » que cela puisse paraître, il est tout à fait exact, à partir de l'Analytique transcendantale « de dire que l'entendement est lui-même la source des lois de la nature »[1]. Autrement dit, la légalité de la nature est fondée ou à son principe dans l'entendement : les lois de la nature et de l'entendement législateur ne sont qu'une seule et même chose. Cette législation *a priori* par l'entendement n'implique pas une déductibilité de toutes les lois. Simplement toutes les lois empiriques

---

1. E. Kant, *Critique de la raison pure*, *op. cit.*, p. 143.

que la science ne cessera de découvrir, reposent sur les lois transcendantales constitutives de la possibilité de l'expérience, donc sur les principes synthétiques de l'entendement. Ce qu'exige l'entendement, sans déterminer intégralement et matériellement toute l'expérience, ce sont simplement les principes généraux de l'homogénéité du sensible, de la continuité du sensible pour que, respectivement l'arithmétique et la géométrie et le calcul infinitésimal puissent s'y appliquer, de la permanence dans le sensible, et enfin des successions réglées et d'une interaction du simultané (mécanique). Les principes sont, dans l'entendement, les conditions transcendantales de l'objectivité. La philosophie transcendantale de Kant ouvre donc une nouvelle voie au principe. Il ne désigne plus ce qui est donné pour nous en premier (expérience) ou ce qui existe en soi en premier (*ens primum*), mais ce qui structure et conditionne toute connaissance possible. Le régime rationnel du principe n'est ni l'immanence ni la transcendance, mais le transcendantal.

LE TRANSCENDANTAL
ET L'INCONDITIONNÉ

Cette analyse des principes dans l'Analytique transcendantale fait apparaître que, pour Kant, il ne saurait y avoir un seul et unique principe [1] et que les principes ont leur source dans la spontanéité de l'entendement. Et ceci est la raison de cela. En effet, les principes n'ont de sens que par rapport à la constitution de l'expérience possible. Les principes de la connaissance ne sont pas les principes de l'être mais seulement de l'objectivité. Croire le contraire, c'est retomber dans les errances de la métaphysique dogmatique. Autrement dit, il n'est pas permis de supposer que les principes qui nous font connaître les phénomènes sont les causes des choses elles-mêmes. Le cœur de la polémique (qui est aussi le cœur du champ de bataille (*Kampfplatz*) de la métaphysique) concerne évidemment le statut du principe de raison suffisante – le principe de contradiction étant hors-jeu car c'est un principe formel qui commande la simple possibilité logique et non la possibilité réelle d'une connaissance.

> Le principe de raison suffisante est… le fondement des phénomènes au point de vue de leur rapport dans la succession de temps [2].

1. *Cf.* J.-M. Vaysse, « Kant – Questions de principes », dans B. Mabille (dir.) *Le principe*, *op. cit.*, p. 148.
2. E. Kant, *Critique de la raison pure*, *op. cit.*, p. 189.

Autrement dit, le principe de raison fonde la connaissance, mais seulement sous le rapport de la succession des phénomènes dans le temps, et donc ne peut constituer le fondement absolu de la connaissance ou le principe de la connaissance de l'absolu. Dire que « rien n'est sans raison » c'est seulement vouloir dire que tout phénomène est l'effet d'une cause à laquelle il succède dans le temps. Or une telle cause ne donne jamais une origine absolue, puisqu'elle est l'effet d'une cause antérieure : toute origine est empirique ou a un commencement empirique dans le temps. Parce qu'ils constituent les règles d'application des catégories *a priori* aux phénomènes, c'est-à-dire commandent la constitution transcendantale de l'objectivité, les principes ne peuvent saisir l'origine radicale des choses. Il est vain de rechercher une raison ultime qui serait sa propre raison et la raison de tout le conditionné. Le principe de raison suffisante est un principe fondamental de la connaissance mais il n'est pas le principe de la connaissance du fondement. Il est proscrit de pouvoir en faire un usage ontologique.

Ensuite, avec ces principes, les catégories qui les fondent, et leur unité dans le « Je pense », c'est toute la science classique, ou une histoire des sciences, qui se trouve rassemblée et fondée dans l'entendement lui-même. Le premier principe (catégorie de la quantité) fonde une science du mouvement que Kant nomme « phoronomie » et qu'on appellerait aujourd'hui cinématique. Elle correspond à la science cartésienne : si l'on ne perçoit dans la nature que de l'étendue et du mouvement, on n'y voit que de la quantité. Le deuxième principe (catégorie de la qualité) renvoie cette fois à la dynamique, c'est-à-dire à la science leibnizienne qui considère les corps non seulement comme des mobiles (Descartes) mais comme des forces. Ici la qualité est irréductible à l'étendue géométrique : c'est une quantité, mais intensive. La catégorie de la relation, et son application par les analogies de l'expérience, correspond à la mécanique de Newton. De même que la dynamique dépasse la cinématique en envisageant la force, c'est-à-dire la cause du mouvement du côté de la qualité, de même la mécanique newtonienne dépasse la science leibnizienne en n'envisageant plus la force isolément mais, par la théorie de l'attraction, trouve l'équation d'un système de forces. L'esprit humain est définitivement assuré que la nature est le pays de la vérité qui ne laisse aucune place au fatalisme, à la superstition, au scepticisme.

Mais, il n'y a aucun principe posé comme *a priori* que l'histoire des sciences n'ait contesté. Kant a raison de penser que l'objectivité (scientifique) est construite ou constituée par la raison (l'entendement dans la raison). Mais la science ne cesse de redéfinir les limites et les conditions de l'objectivité. La connaissance obéit à des principes, mais aucun principe n'est *a priori*, ou tout principe prétendu tel est réfutable, du moins amendable. Le progrès des sciences risque de récuser toute prétention d'une fondation transcendantale des principes.

Enfin, Kant le relève lui-même.

> Le mot principe est équivoque et ne signifie d'ordinaire qu'une connaissance qui peut être employée comme principe (*als Princip*) sans être un principe (*principium*) par elle-même et d'après sa propre origine [1].

Aussi faut-il distinguer deux sortes de principes, qui ressortissent dans l'ordre théorique, à l'entendement (*Verstand*) et à la raison (*Vernunft*). En effet la raison est

---

1. E. Kant, *Critique de la raison pure*, « Dialectique transcendantale », *op. cit.*, p. 255.

la « faculté des principes » (*Principien*) là où l'entendement est le « pouvoir des règles » constituant l'expérience. Donc il faut distinguer le principe en tant que *Prinzip* (raison) et le principe en tant que *Grundsatz* (entendement).

On retrouve dans *Grundsatz* l'idée de fondement (*Grund*). Les principes de l'entendement sont comme des « propositions (*Sätze*) fondamentales », c'est-à-dire les propositions qui contiennent les fondements pour des jugements (synthétiques), en tant qu'ils ne reposent pas eux-mêmes sur des connaissances antérieures et plus élevées. Avec les principes de l'entendement, on est au fondement ou à la racine (sous l'unité du « Je pense ») de la possibilité même de la connaissance. Mais par là-même, les premiers principes se trouvent désormais inassimilables aux premières causes, comme le prétend la métaphysique (dogmatique). Car ils ne sont rien d'autre que les fondements de la connaissance c'est-à-dire de la possibilité de l'expérience pour nous. Les principes de l'entendement pur constituent les principes *a priori* de la possibilité de l'expérience. Ce qui signifie que l'entendement ne peut faire qu'un usage empirique de ses principes *a priori*, c'est-à-dire en les rapportant toujours à des intuitions empiriques :

> Si l'on veut bien se rapporter à notre preuve du principe de causalité, remarquera-t-on que nous n'avons pu le prouver que par rapport à des objets d'expérience possible : Tout ce qui arrive (tout événement) suppose une cause, et que, même ainsi, nous n'avons pu le prouver qu'à titre de fondement (*Prinzip*) de la possibilité de l'expérience et, par suite, de la connaissance d'un objet donné dans l'intuition empirique et non par simples concepts[1].

Les principes fondent la connaissance des phénomènes et non celle des choses en soi : remonter aux premiers principes

---

1. E. Kant, *Critique de la raison pure*, « Analytique transcendantale », *op. cit.*, p. 213.

de la connaissance ce n'est pas remonter aux premières causes de l'être. L'entendement est la source des lois de la nature (en tant qu'il est l'origine des catégories et pouvoir des règles (principes, *Grundsätze*) pour appliquer les catégories aux intuitions [1] :

> En général on trouve partout des principes et c'est uniquement à l'entendement pur qu'on le doit : car non seulement il est le pouvoir de règles par rapport à ce qui arrive, mais il est même la source des principes et c'est lui qui oblige tout (et qui ne peut se présenter à nous qu'à titre d'objet) à se soumettre à des règles, parce que, sans ces règles, les phénomènes ne fourniraient jamais la connaissance d'un objet qui leur correspondit. […] Toutes les lois naturelles sans exception sont soumises à des principes plus élevés de l'entendement qu'elles ne font qu'appliquer à des cas particuliers du phénomène.

Tout ce qui peut se présenter comme objet est soumis aux concepts et aux règles de l'entendement. Inversement, sans les concepts et les règles de l'entendement, on ne pourrait jamais faire correspondre aux phénomènes la connaissance d'un objet. L'objectivité de tout objet (l'objet transcendental = X) n'est rien d'autre que la légalité, la conformité aux catégories et aux principes de l'entendement. C'est pourquoi autant le principe de contradiction est le principe (*principium*) de tous les jugements analytiques, autant le principe de la possibilité de l'expérience est le principe de tous les jugements synthétiques. Il énonce que

> tout objet est soumis aux conditions nécessaires de l'unité synthétique du divers de l'intuition dans une expérience possible [2].

---

1. *Ibid.*, p. 162.
2. E. Kant, *Critique de la raison pure*, « Analytique transcendantale », *op. cit.*, p. 162.

Autrement dit,

> les conditions de la possibilité de l'expérience en général
> sont en même temps les conditions de possibilité des
> objets de l'expérience [1].

Mais l'objectivité est indissociable de ces conditions (de
quantité, de qualité…), de sorte qu'il est impossible de
connaître par leur intermédiaire ce qu'est la chose absolument, c'est-à-dire son être ou le fondement de sa manifestation (la chose en soi), indépendamment de sa manière
d'apparaître pour nous. Les conditions de l'expérience
possible définissent les limites de la connaissance,
c'est-à-dire la limitation de la connaissance aux
phénomènes.

Le principe de causalité est un principe de l'entendement (*Grundsatz*) : le principe de raison est le principe
(*Prinzip*) de la raison. Qu'est-ce qui distingue la raison de
l'entendement ? La raison constitue la dernière faculté de
connaissance. La connaissance commence par la sensibilité,
passe et se fonde dans l'entendement et s'achève dans la
raison. Mais l'exigence d'achèvement de la connaissance
est l'occasion de toutes les illusions métaphysiques. L'achèvement de la connaissance n'est pas une science achevée.

La question profonde du kantisme est peut-être exactement celle-ci : « Peut-on isoler la raison ? » [2]. Autrement
dit, il s'agit de dégager ce qui fait l'acte propre, le principe
autonome de l'activité rationnelle, son dynamisme interne.
Comment la raison se constitue-t-elle, autour de quoi toute

---

1. E. Kant, *Critique de la raison pure*, « Analytique transcendantale »,
op. cit.

2. E. Kant, *Critique de la raison pure*, « Analytique transcendantale »,
op. cit., p. 258. Comme il s'est agi d'« isoler » (p. 83) l'entendement
dans la Logique transcendantale et la sensibilité dans « l'Esthétique
transcendantale ».

sa démarche, tous ses concepts s'organisent-ils ? Ou plutôt il s'agit de savoir si la raison n'est qu'une faculté formelle qui a pour « fonction de coordonner entre elles les connaissances de l'entendement et de subordonner les règles infé rieures à des règles supérieures à des règles plus élevées »[1] par simple comparaison, ou bien si elle est aussi la source de certains concepts spécifiques ? La raison n'est-elle que la faculté de la forme logique du discours ou bien une faculté autonome de l'esprit, « source propre de concepts et de jugements qui ne viennent que d'elle » ? Kant est ainsi conduit montrer que la raison d'une part se distingue de l'entendement – cette distinction des concepts de l'entendement (catégories) et des concepts de la raison (Idées) étant l'un des principaux acquis de la critique[2], et d'autre part qu'elle est une source originale de concepts à partir de la fonction logique du raisonnement. Il y a un passage de la logique formelle à la métaphysique qui combine à la fois le raisonnement syllogistique et le recours non-thématisé à et pré-déterminant de l'argument ontologique.

D'abord il faut distinguer la raison de l'entendement. L'entendement est la faculté des règles, la raison la faculté des principes. L'entendement règle les synthèses qui, à partir du donné de l'expérience, sont productrices de l'objectivité : il est essentiellement une activité de liaison et de subsomption. Les règles de l'entendement sont vides en elles-mêmes et ne rencontrent le particulier que grâce à la donation d'une intuition. L'existence, le réel dans sa particularité est ce qui est irréductible au concept. Pour saisir le particulier il faut recourir à une intuition. Les principes (Idées) de la raison s'exercent sur les règles de

---

1. *Ibid.*, p. 258.
2. *Cf.* E. Kant, *Prolégomènes à toute métaphysique future*, § 41, *op. cit.*, p. 103.

l'entendement lui-même. Alors que l'entendement unifie le divers sensible, alors que l'entendement est la faculté de synthèse appliquée à l'intuition, la raison intervient pour unifier les concepts de l'entendement (Idées). La matière de la raison est l'entendement lui-même. La raison est essentiellement une activité d'achèvement de l'unité des connaissances.

Seulement cet effort pour unifier ou synthétiser toujours davantage les concepts de l'entendement, c'est-à-dire pour remonter de condition en condition, peut donner lieu à deux usages. Autant il est légitime de poser, à titre régulateur et méthodique, que pour la connaissance conditionnée de l'entendement soit recherché l'inconditionné qui en achèverait l'unité, autant il est excessif et illusoire de soutenir que l'Inconditionné est donné, c'est-à-dire qu'il existe, et que donc la condition ultime et universelle de toute la série conditionnée des connaissances de l'entendement existe comme un être[1]. La raison se trouve, en réalité, partagée entre deux pouvoirs[2] : un pouvoir logique de tirer médiatement des conséquences (une conclusion à partir de deux prémisses) et un pouvoir réel (ou transcendantal) où elle est une source autonome de concepts qui n'empruntent rien à l'expérience ou à l'entendement. C'est ce dernier pouvoir réel ou transcendantal qu'examine la « Dialectique transcendantale » de la *Critique de la raison pure*[3].

L'usage logique de la raison correspond à ce que l'on appelle raisonnement, synonyme chez Kant de « syllogisme ».

---

1. Dans ce cas, l'Idée entre en concurrence avec l'intuition, et prétend connaître et saisir l'existence par simple concept – qui contient en lui sa propre raison d'être (proto-argument ontologique).

2. E. Kant, *Critique de la raison pure*, *op. cit.*, p. 254.

3. Nous suivons les analyses d'A. Renaut, *Kant aujourd'hui*, Paris, Aubier, chap. III, 1997.

Cette compréhension de la raison comme raisonnement (qui fait l'unanimité en philosophie) revient incontestablement au pouvoir de la raison, et c'est bien ce pouvoir qui a retenu la tradition logique et métaphysique. L'action primitive de la raison se déploie dans le raisonnement (syllogisme) qui consiste à inférer une conclusion à partir de deux prémisses (majeure et mineure) que Kant appelle « conditions »[1]. Mais la raison ne se contente pas de produire des syllogismes, c'est-à-dire de déduire des conclusions à partir de prémisses. Elle ne s'épuise pas dans cette démarche descendante des conditions à la conclusion, c'est-à-dire à produire la conclusion de ces trois types de syllogismes, cherchant à subsumer le particulier qu'est la mineure sous le général de la règle énoncée par la majeure. Elle applique aux conditions elles-mêmes le statut de conclusion dérivant de conditions antérieures qu'il faut rechercher. L'usage logique de la raison, dans le raisonnement, cherche toujours la condition de la conclusion. Les prémisses fondent une conclusion, mais constituent aussi bien une conclusion à fonder sur d'autres prémisses, et ces conditions sur d'autres conditions, ainsi de suite. La raison, dans cette voie ascendante ou régressive vers les conditions des conditions d'un syllogisme, explore ce que l'on nomme traditionnellement « prosyllogisme », pour remonter vers un énoncé absolument universel qui puisse apparaître comme la majeure ultime ne pouvant plus être déduite d'une condition supérieure. Ainsi, en vertu de sa propre nature logique, la raison est poussée à remonter de condition en condition vers un inconditionné ou un absolu.

---

1. C'est l'application de l'usage réel de la raison aux trois types de raisonnements, catégorique (« a est b »), hypothétique (« si a est, alors b »), disjonctive (« x est a ou b ») qui engendre les trois Idées métaphysiques (âme, monde, Dieu).

Le principe de la raison dans son usage logique est de trouver la condition de la condition jusqu'à l'inconditionné qui achève la régression des conditions et leur unité. Ou encore, la raison, qui est la faculté de produire la conclusion d'un raisonnement syllogistique, est aussi celle qui vise l'inconditionné, c'est-à-dire recherche la totalité des conditions du jugement, sous la forme d'un énoncé absolument premier, qui contienne la raison de tout le particulier. De cette proposition principielle, la raison pourrait déduire tout le particulier logiquement, c'est-à-dire par purs concepts.

Pourtant ce n'est pas dans cette activité syllogistique (épisyllogistique, des conditions vers la conclusion et surtout prosyllogistique, des conditions vers les conditions des conditions et vers l'inconditionné) que la raison cède aux illusions métaphysiques et qu'elle produit l'apparence transcendantale. Il faut se demander s'il n'y a pas « un principe transcendantal de la raison pure », outre l'usage logique, un usage pur, réel ou transcendantal de la raison.

L'exigence de la recherche de l'inconditionné est en effet inscrite dans la nature même de la raison. Ce n'est donc pas cette exigence même qu'il faut incriminer. La métaphysique comme disposition de la raison à la quête de l'inconditionné n'est pas condamnable et ne peut être condamnée. Mais il y a deux usages possibles de cette recherche. L'usage logique est parfaitement légitime : il consiste à poser que toute proposition peut être considérée comme conditionnée à l'égard d'une proposition supérieure comme sa condition. Il s'agit simplement ici de faire de la recherche indéfinie de la condition de tout conditionné donné, une méthode, d'interpréter cette visée de l'inconditionné comme une « maxime logique » subjective de la raison, sans rien conclure sur l'existence et la nature de l'inconditionné.

Au contraire, dans son usage pur, la raison pose que si le conditionné est donné, alors l'inconditionné doit l'être également. Alors, sur-le-champ, le raisonnement change de statut. D'analytique qu'il était dans son usage logique, il devient synthétique *a priori* dans son usage pur.

> Mais cette maxime logique ne peut être un principe de la raison pure qu'à la condition qu'on admette que si le conditionné est donné, soit aussi donné (c'est-à-dire contenue dans l'objet et dans sa liaison) toute la série des conditions subordonnées, série qui, par suite, elle-même, est inconditionnée.
>
> Or un tel principe de la raison pure est manifestement *synthétique* ; car le conditionné se rapporte sans doute analytiquement à quelque condition, mais non pas à l'inconditionné[1].

La métaphysique se produit en quelque sorte à ce point d'inflexion entre la maxime logique analytique qui prescrit dans le protosyllogisme la recherche pour toute condition de sa condition, et le principe transcendantal synthétique de la raison pure qui pose la nécessité que soit donné l'inconditionné pour que soit donné le conditionné. La raison ici passe de la simple exigence de l'inconditionné à l'affirmation de son existence : si le conditionné est donné, alors l'inconditionné existe, qui est la raison de tout le conditionné, et de soi-même. Poser que tout donné pour être (donné) doit procéder d'une condition absolue, considérer la série des conditions comme une totalité achevée, c'est-à-dire finalement faire un usage réifié du

1. E. Kant, *Critique de la raison pure*, « Dialectique transcendantale », *op. cit.*, p. 259.

principe de raison suffisante, c'est le secret (et l'illusion) de la démarche métaphysique de la raison d'où dérivent toutes les propositions spéculatives (dogmatiques). Ce principe est bien synthétique : on change d'ordre, du conditionné à l'inconditionné, et *a priori* : il ne dérive et ne peut dériver de l'expérience. Il y a bien lieu de distinguer le principe de causalité et le principe de raison suffisante. Le premier est un principe (*Grundsätze*) de l'entendement : c'est un principe de l'expérience possible. Le second est le *Prinzip* de la raison pure, totalement transcendant par rapport au domaine de l'expérience. Or rien n'est plus fâcheux que de confondre, comme l'a fait la métaphysique, le principe : « tout ce qui arrive à une cause » et cet autre : « si le conditionné est donné, alors est donné l'inconditionné ». On a confondu une règle de l'entendement avec le principe de la raison, on est passé d'un genre physique au genre métaphysique, s'autorisant indûment de la réussite du principe physique pour l'appliquer à une réalité suprasensible.

La métaphysique ne fait pas le choix arbitraire d'une extension illimitée du principe de raison. Il porte en lui cette extension métaphysique qu'il est difficile de limiter. C'est en vertu de sa répétition radicalisée, que la métaphysique prétend achever l'édifice des sciences : la raison cherche la condition de la condition, la condition ultime inconditionnée, parce que seul un commencement ou un fondement inconditionné peut permettre d'affirmer et d'étayer la rationalité intégrale de la totalité du réel. Mais c'est l'usage réel de ce principe qui fait naître l'apparence transcendantale. Au fond, l'apparence consiste à conclure d'un concept à une existence. La raison se croit autorisée à tirer du concept d'inconditionné, à la quête duquel elle est constitutivement attachée, l'existence de l'objet de ce concept. Implicitement c'est donc le recours à une sorte d'argument ontologique qui parcourt toute la métaphysique, et qui explique la confusion entre l'ordre du concept et l'ordre de l'existence. La métaphysique est sophistique parce qu'elle hypostasie l'inconditionné, passant indûment de l'idée d'inconditionné (usage logique du principe de raison) à sa réalité effective (usage réel du principe de raison). La métaphysique oublie que l'Idée d'inconditionné est relative à une activité ou à une méthode de la raison, au profit de son produit. Elle hypostasie la méthode de recherche de l'unité inconditionnée.

Ainsi on voit où se situe la démarcation entre la science et la métaphysique. La science correspond non seulement à la législation de l'entendement, mais aussi à son unification par les idées de la raison, à condition de préciser que cette unification s'opère sous le principe de la simple maxime logique de l'exigence de l'inconditionné[1]. La régression dans la série des conditions est une tâche, utile à la recherche scientifique. C'est ce que précisera l'« Appendice à la Dialectique transcendantale ». La raison incite l'entendement à poursuivre la liaison d'un concept avec ses conditions, aussi loin qu'il est possible, en faisant converger tous ses concepts et toutes ses règles vers un point, qui reste un « foyer imaginaire » qui leur procure la plus grande unité. Les Idées ont ainsi

> un usage régulateur excellent et indispensablement nécessaire : celui de diriger l'entendement vers un certain but qui fait converger les lignes de direction que suivent toutes ses règles en un point qui, pour n'être, il est vrai, qu'une idée (*focus imaginarius*), c'est-à-dire un point

---

1. La critique kantienne de la science, réduite à la connaissance des simples phénomènes, n'est donc pas un positivisme.

> d'où les concepts de l'entendement ne partent pas réel-
> lement – puisqu'il est entièrement placé hors des bornes
> de l'expérience possible, – sert cependant à leur procurer
> la plus grande unité avec la plus grande extension[1].

Au contraire, la métaphysique dogmatique se constitue quand la raison réifie ou substantialise cette simple exigence de l'esprit vers l'inconditionné. Ce qui invite à penser que la science risque toujours de verser dans la métaphysique quand elle spécule sur son achèvement, c'est-à-dire quand elle se pense du point de vue de l'Idée, quand donc elle pose comme une connaissance du même ordre que ses connaissances relatives et conditionnées (phénomènes) l'idée que le réel est en soi, de part en part, rationnel. La rationalité du réel reste et doit rester une simple Idée. La rationalité intégrale n'est pas une connaissance ou, comme le disent les *Prolégomènes* : « le Tout absolu de toute expérience possible n'est pas elle-même une expérience »[2] – ce qui permet peut-être d'éviter les deux écueils de la raison, formulés par Pascal : « exclure la raison, n'admettre que la raison »[3]. Mais de même que la quête de l'incon-ditionné est inscrite dans la nature de la raison, de même les formes de cette quête s'effectuent nécessairement dans trois directions, qui donnent lieu aux trois Idées métaphy-siques. Celles-ci sont les trois figures nécessaires de l'in-conditionné auquel aboutit l'usage réel de la raison. L'âme, monde, Dieu, sont les trois formes de l'inconditionné, correspondant aux trois types de prosyllogisme. Ainsi toute la métaphysique peut être déduite de la table des raison-nements catégorique, hypothétique, disjonctif. Le raison-

1. E. Kant, *Critique de la raison pure*, *op. cit.*, p. 453-454.
2. E. Kant, *Prolégomènes*, *op. cit.*, § 56, p. 126.
3. B. Pascal, *Pensées et opuscules*, *op. cit.*, Br. 253.

nement catégorique (catégorie de la substance) effectue la remontée vers un sujet qui ne soit plus prédicat : l'inconditionné de la synthèse catégorique correspond à l'idée d'âme, au moi comme substance. La remontée prosyllogistique dans le raisonnement hypothétique aboutit à l'Idée de monde. L'idée de première condition ou condition inconditionnée est vérifiée non plus selon un rapport d'inclusion (Idée d'âme) mais selon un rapport de causalité. L'inconditionné de la synthèse hypothétique correspond à l'idée de monde comme chose en soi. Enfin, le syllogisme disjonctif, à partir d'une majeure qui exprime une alternative, recherche un premier syllogisme dont la majeure énoncerait d'un terme la capacité à contenir tous les possibles, ce qui répond à la définition métaphysique de Dieu, singulièrement le Dieu leibnizien, qui articule en lui tous les possibles. Ces trois idées, absolument nécessaires de la raison, couvrent tout le champ de la métaphysique[1], et c'est à partir de leur critique que s'opère la critique systématique de toute la métaphysique.

La réflexion sur le principe est donc bien le lieu et l'occasion de tous les débats métaphysiques. La question du principe est une question métaphysique ou, du moins, au sujet de laquelle, la métaphysique ne cesse de se réveiller, malgré ou à cause des assauts sceptiques contre la prétention dogmatique. Toute l'histoire de la métaphysique pourrait ainsi être ramenée à l'opposition entre le dogmatisme qui soutient l'existence de principes, jusqu'à affirmer l'identité des principes de l'être et des principes de la connaissance, à fonder dans la démonstration d'un Premier principe l'ensemble du monde et de la connaissance – et le

---

1. *Cf.* E. Kant, *Critique de la raison pure*, « Dialectique transcendantale », note, p. 275

scepticisme qui doute de la possibilité de démontrer le moindre principe, c'est-à-dire d'en démontrer la nécessité et l'universalité. Le criticisme, comme il se présente lui-même, tente d'ouvrir une troisième voie, pour introduire la paix civile dans la raison pure – ce qui conduit à pluraliser les principes, à dissocier cause et principe, à définir le principe de causalité comme principe de l'entendement, distinct du principe de raison qui, dans son usage réel engendre toutes les illusions métaphysiques, à brider la raison dans sa recherche de l'absolu (l'inconditionné n'est pas un étant), à situer peut-être, *in fine*, le principe ou l'inconditionné du côté de la liberté[1]. Faut-il chercher, ultimement, le principe ou l'absolu dans la mise en abîme de la connaissance de l'objet?

1. .*Cf.* E. Kant, *La critique de la raison pratique*, Paris, Vrin, 1974.

PRINCIPE SANS COMMENCEMENT

Reste à envisager une dernière possibilité théorique. L'absence de fondement implique-t-elle l'absence de principe ? Il ne s'agit plus seulement de relativiser le principe en le pluralisant (en distinguant principes théoriques, principes pratiques), ou de conclure à la valeur rationnelle mais exclusivement fonctionnelle du principe (qui ne vaut que pour un domaine, formant toujours plus ou moins une sorte d'axiomatique) ou, par extension, de supposer que la pensée a le pouvoir de se donner les principes qu'elles jugent utiles et qui deviennent, de fait, des règles *ad hoc*, mais de maintenir une principialité sans dimension fondatrice. Le principe commande mais cesse de se fonder dans l'instance d'une entité métaphysique ou d'un sujet transcendantal. Le principe indicible dans sa transcendance ou sa sur-éminence (fondement métaphysique), ruiné dans sa recomposition transcendantale (condition de possibilité) par l'histoire des sciences peut encore investir le plan d'immanence du champ sémiologique. Entre le fondement et la fonction (*a priori* ou non), il y a le principe comme ouverture au sens et langage.

Le rapport problématique entre le principe et le langage a été rencontré plusieurs fois. Ou bien un discours sur le principe est possible mais il n'est plus le principe ; ou bien du principe pensé à partir de sa principialité, on ne peut rien dire. Ce qu'on peut dire est en deçà du principe et peut-être inessentiel ; ce qu'est le principe est indicible. Mais quelque chose précède-t-il le langage ? Si l'on fait l'hypothèse qu'au principe est le langage, sans onto-théologiser le langage [1], alors s'impose l'idée d'un principe sans fondement et même d'un commandement sans commencement. C'est cette voie que suit J. Derrida, à partir de la sémiotique de Peirce (la relation triadique du signe) qui lui sert à développer la déconstruction du logo-phono-centrisme.

Le « logocentrisme » caractérise l'histoire de la philosophie occidentale. Or cette focalisation sur le *logos* (raison *et* langage), paradoxalement a toujours déjà été un effacement de sa dimension langagière, matérielle ou sensible (le *logos* sans le langage). La philosophie ne retient du *logos* que son pôle rationnel, au détriment de son épaisseur sensible. Cette idéalisation du sens proviendrait du privilège accordé (depuis Platon jusqu'à Saussure, en passant par toute l'histoire de la métaphysique, à laquelle il faut adjoindre la phénoménologie de Husserl) à l'expérience de la voix. L'expression orale paraît se tenir au plus près de l'intention de sens, se confondre par sa légèreté, son immatérialité éphémère, avec le sujet vivant, n'existant que par lui, comme son acte de signification directe. La matérialité signifiante est inévitablement oubliée, méconnue au profit de la conscience pensante et des significations

---

1. Cf. *Évangile selon saint Jean*, Prologue, 1-2 : « *En archè hèn o Logos, kai o Logos hèn pros ton theon, kai theos hèn o Logos* ». Le langage est en lui-même une puissance si élevée, que le pouvoir de créer lui est confié. Dieu dit (répété 9 fois dans le récit 1 de la *Genèse*, le plus tardif) et les choses sont (création). « À la limite, ce n'est pas parce que le langage est de Dieu qu'il est sacré ... c'est bien plutôt parce que Dieu use du langage qu'il est Dieu créateur » (M. Zarader, *La dette impensée*, Paris, Vrin, 1990, p. 58).

qu'elle vise (vouloir-dire). La signification s'identifie avec le sujet qui signifie : le sujet est le principe de la signification.

La conscience se croit immédiatement présente à elle-même et immédiatement présente au sens qu'elle vise.

> Quand je parle, non seulement j'ai conscience d'être présent à ce que je pense, mais… le signifiant semble s'effacer ou devenir transparent pour laisser le concept se présenter lui-même, comme ce qu'il est, ne renvoyant à rien d'autre qu'à sa présence. L'extériorité du signifiant semble réduite. Naturellement, cette expérience est un leurre [1].

Même la linguistique laisse

> en droit la possibilité de penser un concept signifié en lui-même, dans sa présence simple à la pensée, dans son indépendance par rapport à la langue, c'est-à-dire par rapport à un système de signifiants [2].

Donc elle

> fait droit à l'exigence classique [d']… un « signifié transcendantal », qui ne renverrait en lui-même, dans son essence, à aucun signifiant, excéderait la chaîne des signes, et ne fonctionnerait plus en lui-même, à un certain moment comme signifiant [3].

Au contraire, il s'agit de libérer la sémiologie de la linguistique, qui reconduit l'histoire logo-phono-centrique du signe. Cette science générale ayant vocation à unifier les sciences des signes, que Derrida nomme « grammatologie », oriente l'étude du signe vers le signe écrit, ou considère que tout signe est en réalité écrit, c'est-à-dire trace, que

---

1. J. Derrida, *Positions*, Paris, Minuit, 1972, p. 32-33. *Cf.* aussi *La voix et le phénomène*, Paris, P.U.F., 1967, p. 86-88.

2. J. Derrida, *Positions*, *op. cit.*, p. 30.

3. *Ibid.*

l'écriture est le modèle de la signification[1]. Sans doute la distinction Sa/sé est-elle pertinente. Mais il est excessif de supposer qu'il y a un ordre autonome des signifiés, que le Sa ne peut prendre la place d'un Sé et inversement. Il s'agit de réinterpréter le jeu formel des différences, non plus avec Saussure dans la perspective de la clôture de la langue, mais comme un procès ouvert infiniment du sens sur lui-même. La grammatologie dépasse les limites de la linguistique saussurienne par Peirce[2]. La théorie du signe n'est pas duelle (Sa/Sé) mais triadique. Le signe est le *representamen* d'un objet qui renvoie à un « interprétant » qui n'est pas un sujet mais une propriété du signe. L'inteprétant appartient à l'essence du signe. Peirce décrit ainsi l'interprétant comme un autre signe (l'interprétant syntactique) : la signification d'un signe ne peut être saisie que par la signification d'un autre signe interprétant[3]. Derrida radicalise cette thèse en faveur de son propre projet de « dé-construction du signifié transcendantal »[4]. La condition de la signification c'est le renvoi indéfini des signes entre eux[5]. Les différences s'enchaînent sans fin, chaque élément est déjà la trace d'un autre. Derrida parle alors du sens comme d'un texte de différences, comme une production de la « *différance* » où l'intériorité du signe est travaillée par son dehors, où le signe signifie toujours déjà (et avant), au-delà de son expression. Le signe signifie même s'il n'exprime rien. C'est cet aspect « économique » de la différance, où un signe ne prend sens qu'en différant sans cesse la présence du sens, que le concept d'écriture prend en charge.

1. J. Derrida, *De la grammatologie*, Paris, Minuit, 1967, p. 74.
2. *Ibid.*, p. 70-72.
3. *Cf.* Ch. S. Peirce, *Écrits sur le signe*, Paris, Seuil, 1978, p. 120 *sq.*
4. J. Derrida, *De la grammatologie, op. cit.*, p. 71.
5. *Ibid.*, p. 72.

Le terme « diffé*ra*nce » est « indécidable » qui rend également indécidable tout concept. Il veut dire d'abord le fait de différer. C'est la différence dans son aspect dynamique. Mais la différence de la *différance* est graphique, porte en elle la marque, la trace de ce qu'est la parole hantée par l'écriture. La différence de la *différance* est inexprimable par la parole, non pertinente, non-signifiable par elle : elle est la différence en tant qu'indicible. Ensuite, la différance désigne en même temps le délai, le retard, la temporisation. Le terme de différance est la figure même de la notion anti-conceptuelle, de la résistance du signe et de la signification à l'analyse claire et distincte, à la définition. Parce qu'elle est en elle-même la critique la plus vive de toute espèce de présence à soi du signe à la signification, du signe à la référence, de la signification à la conscience, de la conscience à elle-même. D'une manière générale, c'est l'ontologie de la présence qui est défaite par la différance. Elle est plus originaire que toute différence. Elle est l'origine de toute différence, mais une origine qui est toujours déjà en train de se dédoubler, de se multiplier. Jamais fixe, insaisissable par aucun concept, elle récuse *a priori* la signification comme l'identité d'une présence. Le sens, c'est la *différance* de la présence.

En effet, il n'y a pas quelque chose comme un pôle d'identité (la conscience) qui anime de sens un énoncé, c'est-à-dire un sens signifié, idéal, spirituel, distinct (au moins idéalement) d'une face sensible ou charnelle, c'est-à-dire finalement un Sé qui n'a jamais été d'abord et qui ne peut jamais être en position de Sa. Au contraire, le sens ne vit qu'à différer sa présence. Il est

> d'entrée de jeu en position de Sa, inscrit dans le tissu relationnel et différentiel qui en ferait déjà un renvoi, une trace, un gramme, un espacement. [...] Dans la mesure

où ce qu'on appelle le « sens » (à « exprimer ») est déjà, de part en part, constitué d'un tissu de différences, dans la mesure où il y a déjà un texte, un réseau de renvois textuels à d'autres textes, une transformation textuelle dans laquelle chaque « terme » prétendument « simple » est marqué par la trace d'un autre, l'intériorité présumée du sens est déjà travaillée par son propre dehors. Elle se porte toujours déjà hors de soi. Elle est déjà différante (de soi) avant tout acte d'expression[1].

Au commencement donc, il y a le signe. Autrement dit, il n'y a pas de commencement. Parce qu'il n'y a que le signe, il n'y a pas le signe et la chose, le signe comme représentation qui tient lieu de présence à la chose absente. Le signe c'est la loi de la secondarité, ou la primauté de la postérité[2] : le signifié est principiellement trace, la trace est différance, il y a la trace avant l'étant[3], la signification au cœur de la différance[4]. L'originarité du secondaire, c'est l'originarité du signifiant sur le signifié. La déconstruction montre que ce que la métaphysique tient pour secondaire est irréductiblement premier. Pour la métaphysique, le signe est secondaire par rapport à la chose, et le Sa par rapport au Sé, et l'écriture l'est encore plus, comme le signe du signe, ou comme le Sa du Sa, par rapport à la parole. L'écriture n'a pas de signifié et de référent, sinon par l'intermédiaire de la parole qu'elle transcrit. Elle est une sorte de supplément du supplément. Il ne s'agit pas de contester les précieux avantages de l'écriture (transmission, permanence du sens) mais de révéler que l'écriture soumet aussi la signification à l'ambiguïté, à l'indétermi-

---

1. J. Derrida, *Positions, op. cit.,* p. 44 et p. 45-46.
2. J. Derrida, *De la grammatologie, op. cit.*, p. 16.
3. *Ibid.*, p. 69.
4. *Ibid.*, p. 108, aussi p. 92, p. 69, p. 101.

nation du destinataire, à la falsifiabilité. Contre le sens commun qui voit dans l'écriture un dérivé – on apprend d'abord à parler puis à écrire ; l'humanité a parlé (pré-histoire) avant d'écrire (histoire) – contre la représentation que la civilisation se donne d'elle-même – Socrate et Jésus n'ont rien écrit –, Derrida pose l'originarité de l'écriture, ce qu'il appelle « l'archi-écriture ». Si par écriture on entend toute communication où le destinataire est en droit, sinon en fait, absent, alors on peut dire que toute communication est nécessairement écriture. L'écriture c'est en quelque sorte la communication par et dans l'absence. Même quand nous parlons à autrui, en sa présence, il ne nous est pas plus présent que nous ne sommes présents à nous-mêmes. Les signes s'interposent entre moi et moi, entre moi et lui. Ils flottent entre nous, sans qu'on puisse évaluer leur portée exacte. Cette expérience de l'absence au cœur de la présence, de l'opacité du discours, de cette impuissance à atteindre son destinataire est inlassablement reprise par exemple dans les romans de Nathalie Sarraute. Les phrases s'interrompent, faute d'être entendues, de s'accomplir comme présence ou dans une présence.

Autrement dit, la signification se constitue par l'absence principielle, structurelle, du référent, du locuteur et/ou du destinateur. Toute signification est répétable, transposable. Ce phénomène d'« itérabilité », comme dit Derrida, a pour conséquence l'indépendance de la signification par rapport au contexte (d'énonciation ou de réception). Une écriture qui ne serait pas « itérable par-delà la mort du destinataire ne serait pas une écriture ». Si l'écriture est le modèle de tout signe et de toute signification (archi-écriture), alors l'absence est la condition de possibilité de la signification. On est ici au point extrême du renversement et de la déconstruction du phonocentrisme. Sur le modèle de la parole, la signification, c'était la présence du sujet au sens, du sens aux signes ; sur celui de l'écriture, la signification c'est l'absence du sujet au sens (itérabilité), du sens aux signes (différance). Communiquer, ou signifier en communiquant, c'est toujours écrire et écrire n'est pas l'acte d'un sujet, qui s'assure la maîtrise de la signification, mais le lieu de sa fuite :

> Écrire, c'est se retirer. [...] S'échouer loin de son langage, l'émanciper ou le désemparer, le laisser cheminer seul et démuni[1].

L'absence du sujet de l'écriture renvoie à son absence de référence.

> Telle écriture qui ne renvoie qu'à elle-même nous reporte à la fois indéfiniment et systématiquement, à une autre écriture[2].

L'écriture différencie l'instance du sujet et éloigne indéfiniment le motif de la dernière instance : elle marque l'impossibilité de rejoindre la « chose même ». La chose même est encore un signe. Il n'y a pas de hors-texte. Husserl posait comme principe fondamental ou comme « principe des principes » :

> Toute intuition donatrice originaire est une source de droit pour la connaissance[3].

1. J. Derrida, *L'écriture et la différance*, Paris, Seuil, 1979, p. 106.
2. J. Derrida, *De la grammatologie*, *op. cit.*, p. 227.
3. E. Husserl, *Idées pour la phénoménologie*, Paris, Tel-Gallimard, 1985, § 24. La phénoménologie est fondée sur trois principes : 1) « autant d'apparence [d'apparaître], autant d'être » – emprunté à l'école de Marburg : 2) le principe des principes de l'intuition originaire comme « source de droit pour la connaissance » ; 3) le fameux « *zu den Sachen selbst !* ». J.-L. Marion en ajoute un quatrième : « d'autant plus de réduction, d'autant plus de donation » (*Réduction et donation*, Paris, P.U.F., 2010).

La connaissance consiste dans l'évidence de tout ce qui se présente à la conscience dans l'intuition originaire. Mais il n'y a jamais d'intuition originaire parce que la conscience est toujours déjà dans le langage. La conscience est séparée de son objet par le jeu des signes. Le sens n'a pas commencé : il est ce qui ne peut prendre la forme de la présence. Dans ces conditions, on peut dire aussi bien qu'« il n'y a pas de hors-texte »[1]. Autrement dit le sens récuse l'idée même de commencement. Le langage, c'est-à-dire le sens à l'infini, réfute la position même du principe. Il n'y a rien de premier : ce qui est premier est déjà un effet. Le sens prive l'antériorité de signification et de pertinence. En fait de principe, il n'y a que la trace sans originaire. Autrement dit, il est vain de prétendre fonder en première (ou en dernière) instance un énoncé : il n'y a pas de proposition fondamentale (*Grundsatz*) mais un jeu de renvoi infini des phrases et des signes. Le jeu de la différence supprime la condition d'identité qui est l'essence affirmative du principe. Sans identité, pas de principe. Or il n'y a identité ni de l'énoncé, ni du destinateur, ni du destinataire de l'énoncé. Ou ce qui commande ne commence ni ne s'achève nulle part. Cette manière de déconstructionisme est peut-être passée de mode en philosophie, mais le nomadisme sémiologique qu'il défend dessine notre condition intellectuelle, à l'opposé de ce que l'idée de principe inspire et respire.

PRINCIPES SANS FONDATION

Que conclure sur le principe ?

D'abord il est indiscutable que le principe est une question métaphysique, sinon la seule question métaphysique. La fonction *méta-* est réalisée par la remontée au principe. Le principe est, pour ainsi dire, la première question de philosophie première. Mais c'est pour ajouter aussitôt qu'elle est l'origine de toutes les disputes métaphysiques. L'accord sur la nécessité du principe n'a d'égal que le désaccord sur la nature et (la possibilité de) la connaissance de celui-ci. Les difficultés théoriques sont multiples : indicibilité du principe dans sa « principialité », circularité, pétition de principe, arbitraire de l'arrêt dans le raisonnement pour en établir l'assise. Au commencement de la métaphysique, il y a le principe. La métaphysique se fonde dans la réquisition du fondement. Mais le principe est « en même temps et sous le même rapport » l'origine de l'impossibilité de la métaphysique comme science. Par principe, il n'y a pas une science du principe.

Aussi, même en métaphysique, le principe doit abandonner son auguste solitude. Le principe se dit de manière multiple, aussi bien au sens fondationnel que fonctionnel. Ce n'est pas d'ailleurs le moindre paradoxe de la philosophie que de multiplier les principes alors qu'elle s'en saisit toujours pour mieux ordonner, embrasser et simplifier le réel. Un exemple parmi d'autres. Démocrite fait tomber les atomes en ligne droite parce qu'il n'y a pas de raison qu'ils dévient de la verticale ; Épicure les fait dévier parce que sinon la formation du monde est inexplicable. La déclinaison achève de rendre raison du mouvement atomique et de la formation de la nature. Mais le *clinamen* « décline » une causalité « extraordinaire » puisqu'il n'obéit pas à l'enchaînement causal des phénomènes, qui est au principe des pactes qui lient la nature entière. Elle rompt avec le déterminisme, mais pour fonder physiquement la liberté, condition ultime de l'éthique. C'est pourquoi le *clinamen* est présenté comme essentiellement indéterminé, ou comme un indéterminisme strictement limité : *nec plus quam necesse* dit le poème lucrétien[1]. L'indétermination doit être suffisante pour ouvrir le possible de la liberté, mais assez restreinte pour ne pas contredire la régularité des phénomènes physiques. Finalement, l'hypothèse du *clinamen* permet de ne pas identifier causalité et déterminisme. La déclinaison n'est pas moins causale mais c'est une causalité sans lois[2]. Donc il y a les principes absolument généraux : rien ne naît de rien, rien n'est anéanti ; les principes physiques premiers : le vide, les atomes, la chute libre, et comme principe physique dérivé (à moins qu'il ne soit *ab æeterno* dans l'atome), le *clinamen* qui rend raison de l'existence d'un monde et de la possibilité de la liberté humaine.

Dès lors, il y a ou il peut y avoir principe de tout – à mesure même que décroît la certitude d'un principe du tout. En principe, il y a des principes. Le principe désigne

---

1. Lucrèce, *De la nature*, chant II, vers 244, Paris, Aubier-Montaigne, 1993.

2. *Cf.* M. Conche, *Lucrèce et l'expérience*, Paris, Paris, P.U.F., 2011, p. 82 *sq.*

alors, quel que soit le domaine considéré, ce qui vient en premier, ce qui prend ou ce qui est pris en premier et qui, pour cette raison même, est censé rendre intelligible tout ce qui dépend de lui. Le principe indique ce qui commande et ce qui est commandé, unifie le divers de l'expérience, subsume les concepts, met en ordre l'action. Cette priorité et cette antériorité du principe imposent alors à la raison de reconnaître un régime de connaissance non discursif qui, selon qu'il lui appartient (*noèsis*, intuition) ou lui est extérieur (cœur), signe simplement sa limite ou son impuissance définitivement (Pascal).

Mais aucun principe ne commande jamais au point d'être incontestable. L'empirisme classique, à sa façon, en apportait déjà la preuve, faisant de l'expérience l'instance critique des principes ou du moins de la conception innéiste des principes. Les principes, même formels et *a fortiori* les pratiques, ne sont pas entendus de tous les hommes, ce qu'ils seraient s'ils étaient justement innés ; la recherche du fondement doit être remplacée par celle de la source (*Fountain*) des idées simples ; les principes sont connus tardivement, avec l'exercice du raisonnement, et ne doivent être reçus qu'après examen. En résumé : les principes ne peuvent être premiers : ce qui est premier, l'expérience, ne commande pas comme un principe[1]. Mais la pensée n'a pas besoin de (l'argument de) l'expérience pour retourner son pouvoir critique contre les principes et en dénoncer l'incertitude, l'inutilité, l'indémontrabilité, l'arbitraire. Même les axiomes qui passaient pour les plus évidents ont pu être abandonnés ou relativisés. L'histoire des sciences peut se lire aussi comme la déconstruction

---

1. J. Locke, *Essai philosophique concernant l'entendement humain*, Paris, Vrin, 1998, en particulier, p. 18, p. 24, p. 44, p. 58.

de l'évidence ou de l'universalité des principes. Leur validité n'est pas systématiquement supprimée, mais se trouve souvent régionalisée. L'axiome perd son évidence, ou l'évidence son universalité, ou le principe sa prétention à légiférer sur les choses. Ainsi l'effort pour démontrer le 5e postulat d'Euclide conduisit le mathématicien Lobatchevski à construire une géométrie qu'il qualifiait d'imaginaire dans laquelle le postulat des parallèles était remplacé par une proposition surprenante : « Par un point pris hors d'une droite, on peut mener une infinité de parallèles à cette droite ». Les géométries non-euclidiennes ont alors entraîné la révision des concepts d'axiome, de théorème et la redéfinition de la vérité mathématique. Dans la géométrie classique, un théorème était à la fois une information sur les choses, une loi physique, une vérité de fait et une construction intellectuelle, un système logique, une vérité de raison. Désormais la géométrie théorique cède à la géométrie appliquée la visée de la vérité matérielle et ne reconnaît plus « pour les théorèmes, de vérité séparée et atomique [mais]… seulement leur intégration au système »[1]. Dès lors plusieurs théorèmes peuvent être en même temps incompatibles et également vrais, à condition de les rapporter aux systèmes formels distincts auxquels ils appartiennent. La vérité devient strictement synonyme de validité. Finalement, les systèmes eux-mêmes ne peuvent être dits vrais ou faux

> sinon au sens logique de la cohérence ou de la contradiction interne. Les principes qui les commandent sont de simples hypothèses, dans l'acception mathématique de ce terme […] seulement posés, et non affirmés ; non pas douteux, comme les conjectures du physicien, mais situés

1. R. Blanché, *L'axiomatique*, Paris, P.U.F., 2009, p. 14.

par-delà le vrai et le faux, comme une décision ou une convention. La vérité mathématique prend ainsi un caractère global : c'est celle d'une vaste implication, où la conjonction de tous les principes constitue l'antécédent, et celle de tous les théorèmes le conséquent.

[…] La nécessité ne réside plus que dans le lien logique qui unit les propositions, elle s'est retirée des propositions elles-mêmes. La mathématique est devenue, selon le mot de Pieri, un système *hypothético-déductif*[1].

Le choix des principes ne repose plus sur l'intuition ou sur le sentiment d'évidence qui suggérait une correspondance entre la pensée et la réalité, mais sur une décision ou une convention. Le régime axiomatique de la vérité commande « une claire et nette séparation de l'intuitif et du logique »[2].

La particule ou le quanton (objet physique quantique) défie aussi les principes les mieux assurés (d'identité, de contradiction ou de tiers exclu) en se comportant comme une entité différente selon le protocole d'observation, en présentant une spatialité paradoxale. Quand l'électron est découvert, on croit que c'est un corpuscule. Mais il présente des aspects ondulatoires. Le champ électromagnétique, qu'on supposait être une onde, a un aspect corpusculaire. De là cette idée que les quantons seraient à la fois onde et particule. On sait désormais qu'ils ne sont ni ondes ni particules, mais y ressemblent sous des aspects particuliers. Ce sont en effet des entités très spéciales qui diffèrent des objets et des qualités premières qu'on leur prête (solidité, figure, étendue, mouvement, nombre). Leur spatialité notamment est déconcertante[3]. Ils ne sont pas ponctuels,

---

1. R. Blanché, *L'axiomatique*, *op. cit.*, p. 15.
2. *Ibid.*, p. 99.
3. *Cf.* J.-M. Lévy-Leblond, *De la matière*, chap. 1, Paris, Seuil, 2006.

n'occupent pas un point précis de l'espace, ce qui implique qu'on ne peut suivre leur trajectoire individuellement. Ils sont devenus indiscernables, contre ce que stipule le principe de Leibniz. L'existence de deux corps identiques est impossible en vertu du principe de raison suffisante. Si deux corps sont en A et B, il n'y a aucune raison suffisante pour que l'un soit en A (plutôt qu'en B) et l'autre en B (plutôt qu'en A). Ou encore : si un corps est ici, et l'autre là-bas, alors ils ne sont pas identiques. Or s'il n'y a pas de localisation spatiale ponctuelle, la prémisse de l'argument leibnizien tombe. Autrement dit, les quantons sont indiscernables ou tous identiques. On peut certes dénombrer les électrons d'un atome (par la mesure de leur masse totale), mais sans pouvoir les dénommer. Les objets quantiques conservent la cardinalité du nombre (la quantité en bloc) mais perdent son ordinalité (1er, 2e, etc.).

Que le quanton ne soit pas localisé, mais qu'il occupe une certaine zone, c'est ce que le fameux « principe d'incertitude » d'Heisenberg énonce. Dans le monde quantique, l'effort pour mesurer la position implique la perte d'information sur la vitesse, et inversement. Mais il ne s'agit pas exactement d'incertitude – le terme laissant supposer que l'électron est quelque part sans savoir où et a une vitesse sans savoir laquelle. Or il semble plus juste de dire non pas que sa position n'est pas déterminée de manière précise mais qu'il n'a pas de position déterminée, à la façon de la fréquence d'un son qui, à l'exception du son pur qui vibre de manière sinusoïdale, est la superposition de plusieurs fréquences : sa fréquence n'est pas déterminée mais il possède un spectre de fréquence. De manière analogue, l'électron possède un spectre de position avec une certaine largeur.

Ainsi, tous les principes sont susceptibles d'être remisés, démonétisés, voire falsifiés. Peut-être cette possibilité est-elle inscrite dans l'indétermination du concept même de principe. Car il n'y a pas de principe qui n'exige une interprétation, laquelle est toujours contextuelle ou située (une théorie, un champ) et pour laquelle il n'y a pas de principe. Ainsi du principe-programme de la phéno-ménologie : « revenir aux choses mêmes », qui a lancé sur la piste de l'originaire, de réduction en réduction, des générations de phénoménologues, sans qu'on ne puisse jamais être certain de fouler le sol phénoménologique. Ou alors il faudrait confier à l'herméneutique l'interprétation des principes. Mais le principe ou la règle principale de l'herméneutique étant que « le tout doit être compris à partir du particulier et le particulier à partir du tout »[1], l'issue serait méthodologiquement précaire. Il n'y a ni principe des principes ni principe d'interprétation des principes.

Et pourtant, la pensée ne peut se passer de principe. Alors faute d'un principe premier ou de pouvoir adopter le point de vue du Principe, et puisque la fondation transcendantale fait défaut autant que le fondement métaphysique, la raison contemporaine (se) cherche des principes entre modèle axiomatique, démarche herméneutique et constructivisme procédural[2]. Un prin-cipe est une hypothèse dont la validité dépend du système auquel elle appartient, ou une règle d'interprétation des

---

1. H. G. Gadamer, *La philosophie herméneutique*, Paris, P.U.F., 1996, p. 73.
2. *Cf.* les éthiques de la discussion d'Apel et d'Habermas. *Cf.* J. Habermas, *Morale et communication*, Paris, Cerf, 1994 ; K. O Apel, *Éthique de la discussion*, Paris, Cerf, 1986, et pour une présentation lumineuse, Y. Cusset, *L'espoir de la discussion*, Paris, Michalon, 2001.

faits, ou une méthode pour produire du consensus. Les principes relativisent le relativisme et l'anarchisme épistémologique [1] (*anything goes*) n'est pas fatal, mais le rationalisme des principes est lui-même irréductiblement pluriel et évolutif. On perd sans doute en justification ce qu'on gagne peut-être en liberté, pour des principes toujours nouveaux. Ainsi se clôt l'histoire métaphysique du principe.

---

1. *Cf.* P. Feyerabend, *Contre la méthode. Esquisse d'une théorie anarchiste de la connaissance*, Paris, Seuil, 1979, p. 20, p. 26.

BIBLIOGRAPHIE

APEL K. O., *Éthique de la discussion*, Paris, Paris, Cerf, 1986.

ARISTOTE, *Métaphysique*, Paris, Vrin, 1974.

– *Physique*, Paris, Les Belles Lettres, 1973.

– *De l'interprétation*, Paris, Vrin, 1977.

– *Seconds analytiques*, Paris, Vrin, 1979.

– *Topiques*, Paris, Vrin, 1984.

– *Éthique à Nicomaque*, Paris, Vrin, 1979.

– *Éthique à Eudème*, Paris, Vrin, 1978.

AUBENQUE P., *Le problème de l'être*, Paris, P.U.F., 1962.

– *Faut-il déconstruire la métaphysique?,* Paris, P.U.F., 2009.

AUGUSTIN, *Confessions*, Paris, Les Belles Lettres, 1977.

– *La Trinité, Œuvres philosophiques complètes II,* Paris, Les Belles Lettres, 2018.

BLANCHÉ R., *L'axiomatique*, Paris, P.U.F., 1980.

– *La science actuelle et le rationalisme*, Paris, P.U.F., 1967.

BOUVERESSE R., *Leibniz*, Paris, P.U.F., 1997.

BRETON S., Paris, *Du principe*, DDB, Paris, 1992.

CARON M., « Le principe chez Augustin », dans B. Mabille (dir.), *Le principe*, Paris, Vrin, 2006.

CICÉRON, *La nature des dieux*, Paris, Les Belles Lettres, 2002.

DAMASCIUS, *Traité des premiers principes,* Paris, Les Belles Lettres, 1986.

CUSSET Y., *L'espoir de la discussion*, Paris, Michalon, 2001.

DERRIDA J., *La grammatologie*, Paris, Minuit, 1967.

– *La voix et le phénomène,* Paris, P.U.F., 1967.

– *Positions,* Paris, Minuit, 1972.

– *L'écriture et la différence*, Paris, Seuil, 1979.

DESCARTES R., *Principes de la philosophie*, Paris, Vrin, 2009.

– *Réponses aux Secondes objections,* AT, IX, Paris, Vrin, 1996.

– *Réponses aux Quatrièmes objections,* AT, IX, Paris, Vrin, 1996.

– Lettre à Elisabeth du 21 mai 1643, AT, III, Paris, Vrin, 1996.

– Lettre à Clerselier, juin ou juillet 1646, AT, IV, Paris, Vrin, 1996.

DIXSAUT M., *Le naturel philosophe,* Paris, Vrin, 2016.

DUHEM P., *La théorie physique, son objet – sa structure*, Paris, Vrin, 1997.

EUCLIDE, *Éléments*, I, Paris, P.U.F., 1990.

FEYERABEND P., *Contre la méthode. Esquisse d'une théorie anarchiste de la connaissance*, Paris, Seuil, 1979.

FICHANT M., *Science et métaphysique dans Descartes et Leibniz*, Paris, P. U. F., 1998.

FLAUBERT G., *Dictionnaire des idées reçues,* dans *Bouvard et Pécuchet*, Paris, Folio-Gallimard, 1999.

FREGE G., *Fondements de l'arithmétique,* Paris, Seuil, 1969.

FREUD S., *Essais de psychanalyse*, « Au-delà du principe de plaisir », Paris, Payot, 1979.

GADAMER H. G., *Vérité et méthode,* Paris, Seuil, 1996.

– *La philosophie herméneutique*, Paris, P.U.F., 1996.

GILSON E., *Études sur le rôle de la pensée médiévale dans la formation du système cartésien,* Paris, Vrin, 1984.

GRONDIN J., *Introduction à la métaphysique*, Presses de l'Université de Montréal, 2007.

GUÉNANCIA P., « Les premiers principes : Descartes et Pascal », dans B. Mabille (dir), *Le principe*, Paris, Vrin, 2006.

HADOT P., *Qu'est-ce que la philosophie antique* ?, Paris, Folio Essais, 1995.

HALIMI B., *Le Nécessaire et l'universel*, Paris, Vrin, 2013.

HEIDEGGER M., *Questions I*, Paris, Gallimard, 1968.

– *Questions II*, Paris, Gallimard, 1968.

– *Le principe de raison*, Paris, Tel-Gallimard, 1983.

HÉSIODE, *Théogonie*, Paris, Les Belles Lettres, 2014.

HOMÈRE, *Iliade,* Paris, Les Belles Lettres, 1937.

– *Odyssée*, Paris, Les Belles Lettres, 1924.

HUME D., *Traité de la nature humaine*, Paris, Aubier-Montaigne, 1973.

– *Abrégé du traité de la nature humaine*, Paris, Aubier-Montaigne, 1971.

– *Enquête sur l'entendement humain,* Paris, Vrin, 2016.

HUSSERL E., *Idées directrices pour une phénoménologie*, Paris, Tel-Gallimard, 1985.

KANT E., *Critique de la raison pure*, Paris, P.U.F., 1944.

– *Critique de la raison pratique*, Paris, Vrin, 1974.

– *Critique de la faculté de juger,* Paris, Vrin, 1993.

– *Prolégomènes à toute métaphysique future*, Paris, Vrin, 1993.

KIERKEGAARD S., *Ou bien ... ou bien,* Paris, Tel-Gallimard, 1984.

LEIBNIZ G. W., *Discours de métaphysique et Correspondance avec Arnauld,* Paris, Vrin, 1993.

– *Lettre à Clarke de novembre 1715,* Paris, Aubier-Montaigne, 1972.

– *Correspondance Leibniz-Clarke,* Paris, P.U.F., 1957.

– *Monadologie*, Paris, Aubier-Montaigne, 1972.

– *Nouveaux essais sur l'entendement humain,* Paris, GF-Flammarion, 1990.

– *Principes de la nature et de la grâce fondés en raison,* Paris, Aubier-Montaigne, 1972.

– *Remarques générales sur la partie générale des Principes de Descartes* Paris, Aubier-Montaigne, 1972.

– *Essais de théodicée*, Paris, GF-Flammarion, 1969.

– « Specimen inventorum », *Philosophische Schriften*, Gerhardt, VII, réimp. G. Olms, 1965.

LEVINAS E., *Autrement qu'être ou au-delà de l'essence,* Martinus Nijhoff, 1978.

– *En découvrant l'existence avec Husserl et Heidegger,* Paris, Paris, Vrin, 1974.

– *Humanisme de l'autre homme,* Paris, Fata Morgana, 1972.

– *Entre nous*, Paris, Le Live de poche, 1991.

Lévy-Leblond J.-M., *De la matière*, Paris, Seuil, 2006.

Locke J., *Essai philosophique concernant l'entendement humain*, Paris, Vrin, 1998.

Lucrèce, *De la nature*, Paris, Aubier-Montaigne, 1993.

Lukasiewicz J., *Du principe de contradiction chez Aristote*, Paris, Les éditions de l'éclat, 2019.

Lyotard J.-F., *La condition postmoderne*, Paris, Minuit, 1979.

Mabille B., « Philosophie première et pensée principielle », dans B. Mabille (dir), *Le principe*, Paris, Vrin, 2006.

Malebranche N., *De la Recherche de la vérité*, Paris, Vrin, 2006.

Marion J.-L., *Sur la théologie blanche de Descartes,* Paris, P.U.F., 1981.

– *Dieu sans l'être*, Paris, Communio-Fayard, 1982.

– *Au lieu de soi*, Paris, P.U.F., 2008.

– *Réduction et donation*, Paris, P.U.F., 2010.

Meyerson E., *Identité et réalité*, Paris, Vrin, 1951.

Montesquieu, *De l'esprit des lois*, III, 1, Paris, Garnier, 1973.

Moreau, J., *Les sceptiques grecs*, Paris, P.U.F, 1966.

– *Plotin ou la gloire de la philosophie antique*, Paris, Vrin, 1970.

Morel P.-M., *Plotin, L'Odyssée de l'âme*, Paris, Armand Colin, 2016.

Newton I., *Philosophiæ Naturalis Principia mathematica*, II, § 36, Paris, Dunod, 2017.

Ogien R., *La faiblesse de la volonté*, Paris, P.U.F., 1993.

Parménide, *Poème, Les Présocratiques*, Paris, Gallimard, 1988.

Pascal B., *De l'esprit géométrique et de l'art de persuader*, *Œuvres complètes*, Paris, Gallimard, 1954.

– *Pensées et opuscules*, Paris, Hachette, 1953.

Platon, *Parménide*, Paris, Les Belles Lettres, 1923.

– *La République,* Paris, Les Belles Lettres, 1975.

– *Phédon,* Paris, Les Belles Lettres, 1978.

– *Phèdre*, Paris, Les Belles Lettres, 1978.

– *Philèbe,* Paris, Les Belles Lettres, 1978.

– *Timée*, Paris, Les Belles Lettres, 1985.

– *Lois*, *Œuvres complètes II*, Paris, Gallimard, 1950.

PLOTIN, *Traités 7-21*, Paris, GF-Flammarion, 2003.

– *Traités 30-37*, Paris, GF-Flammarion, 2006.

– *Traités 38-41*, Paris, GF-Flammarion, 2007.

– *Traités 45-50*, Paris, GF-Flammarion, 2009.

– *Traités 51-54*, Paris, GF-Flammarion, 2010.

POINCARÉ H., *La science et l'hypothèse,* Paris, Champs-Flammarion, 1968.

– *La valeur de la science,* Paris, Flammarion, 1970.

PUTMAN H., *Fait/valeur : la fin d'un dogme et autres essais*, Paris, Les éditions de l'éclat, 2004.

QUINE W. V. O., « Les deux dogmes de l'empirisme »,in *Du point de vue logique. Neuf essais logico-philosophiques*, Paris, Vrin, 2003.

RAWLS J., *La théorie de la justice,* Paris, Seuil, 1987.

RENAUT A., *Kant aujourd'hui*, Paris, Aubier-Montaigne, 1997.

RIVELAYGUE J., *Leçons de métaphysique allemande*, t. II, Paris, Grasset, 1992.

ROUSSEAU J.- J., *Émile*, V, *Œuvres complètes III*, Paris, Seuil, 1971.

ROUX S., *La recherche du principe chez Platon, Aristote et Plotin*, Paris, Vrin, 2004.

SCHOPENHAUER A., *De la quadruple racine du principe de raison suffisante*, Paris, P.U.F., 1969.

SCHÜRMANN R., *Le Principe d'anarchie. Heidegger et la question de l'agir*, Paris, Diaphanes, 1982.

SEXTUS-EMPIRICUS, *Esquisses pyrrhoniennes,* Paris, Seuil, 1997.

SPINOZA B., *Les Principes de la philosophie de Descartes démontrés selon la méthode géométrique*, Paris, GF-Flammarion, 1964.

THÉOPHRASTE, *Métaphysique*, Paris, Les Belles Lettres, 1993.

THOMAS D'AQUIN, *Somme contre les Gentils*, Paris, GF-Flammarion, 1999.

– *Somme théologique*, Paris, Cerf, 1984.

VAYSSE, J.-M., « Kant – Questions de principe », dans B. Mabille (dir), *Le principe*, Paris, Vrin, 2006.

VERNANT J.-P., *Mythe et pensée chez les Grecs*, Paris, La Découverte, 1990.

WEBER M., *Économie et société*, Paris, Pocket, 1995.

WÖLFFLIN H., *Principes fondamentaux de l'histoire de l'art*, Paris, Gérard Monfort, 2012.

YAKIRA E., *La causalité de Galilée à Kant*, Paris, P.U.F., 1994.

INDEX DES NOMS

TABLE DES MATIÈRES

Achevé d'imprimer en juillet 2021
sur les presses de
La Manufacture - Imprimeur – 52200 Langres
Tél. : (33) 325 845 892

N° imprimeur 210687 - Dépôt légal : août 2021
Imprimé en France